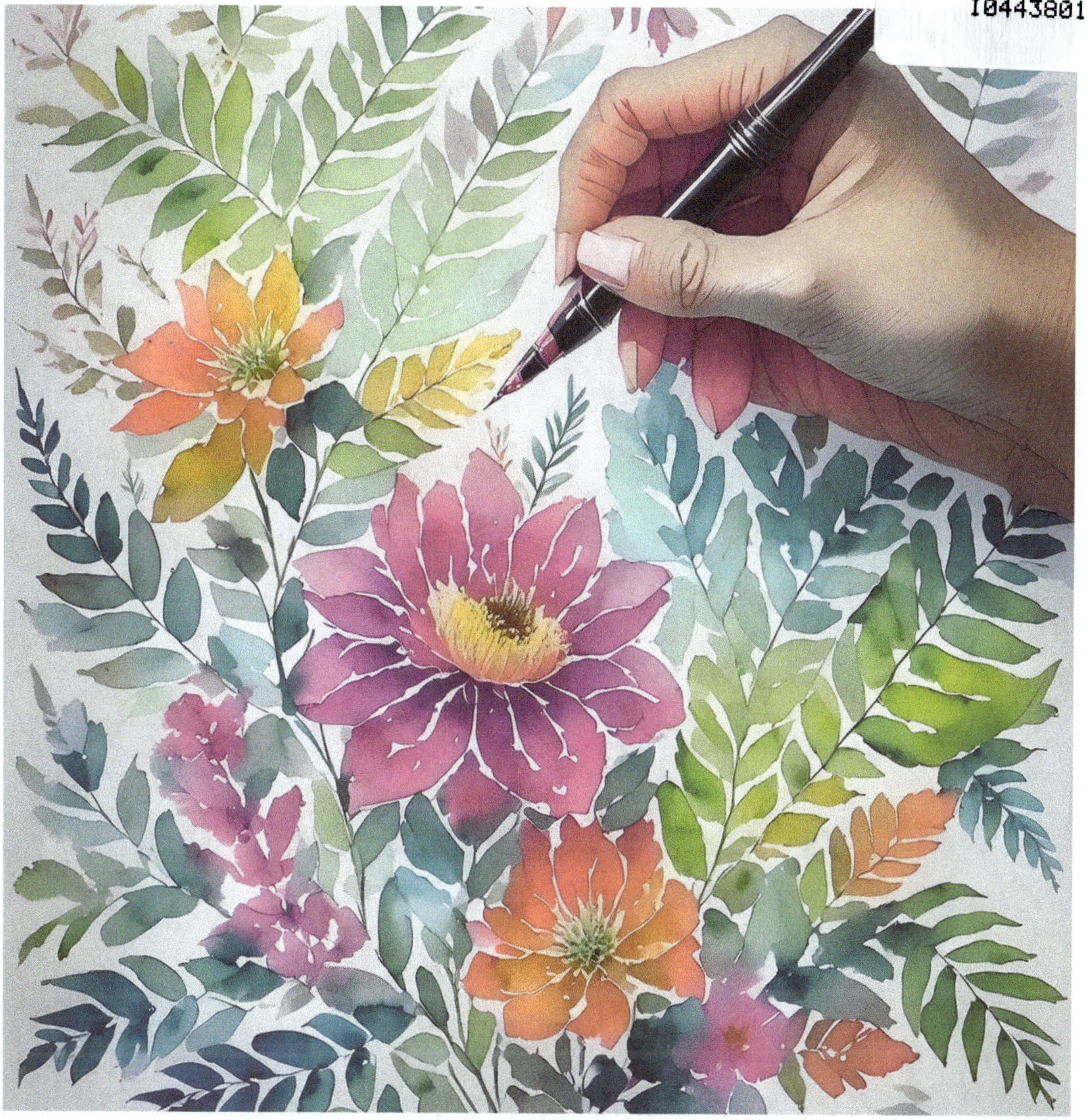

Traccia le forme, disegna le figure, scarabocchia, ombreggia, ricopri un'area con punti.

Ogni pagina è un invito a rallentare, a lasciare vagare la mente a lasciarsi sorprendere dalla propria creatività.

E poiché la colorazione inversa non richiede di "rimanere dentro le linee", aumenta la tua autostima artistica mentre calma la mente.

Copyright © 2023 MAYA HARRY Tutti diritti riservati
Le opere, i disegni riprodotti in questo libro, gli eventi rappresentati in questo libro sono pura creazione immaginaria dell'autore.
Nessuna parte di questo libro può essere riprodotta o archiviata in un sistema di recupero o trasmessa in qualsiasi forma o con qualsiasi mezzo, elettronico, meccanico, fotocopiatrice o registrazione o altro, senza l'espresso consenso scritto dell'editore.
Contenuti realizzati con l'utilizzo di Leonardo
Copertina Creata e realizzata con Canva

Ogni pagina di questo straordinario libro è un invito all'abbandono
te stesso al tuo istinto creativo.
I disegni, con le loro linee sottili e delicatamente tratteggiate, attendono pazientemente il tocco della tua matita, l'ombra del tuo tratto e il
movimento del polso.
Non esiste un modo sbagliato di interpretare questi disegni, perché è la bellezza
sta nella tua interpretazione unica.
Questo libro The Reverse Coloring Book è composto da pagine come finestre
aperti ad un mondo fantastico di meraviglie e figure artistiche.
Dal maestoso paesaggio naturale alle creature mistiche che lo abitano
tue fantasie, ogni pagina ti invita a trasformare i disegni in personaggio! capolavori.
Sperimenta tecniche diverse, mescola colori, esplora sfumature e
lascia che le tue emozioni guidino la tua corsa.
Quell'arte e la creatività ti accompagnano in ogni pagina, offrendoti gioia, ispirazione e una profonda connessione con te stesso. Buon viaggio
nel meraviglioso mondo di The Reverse Coloring Book!

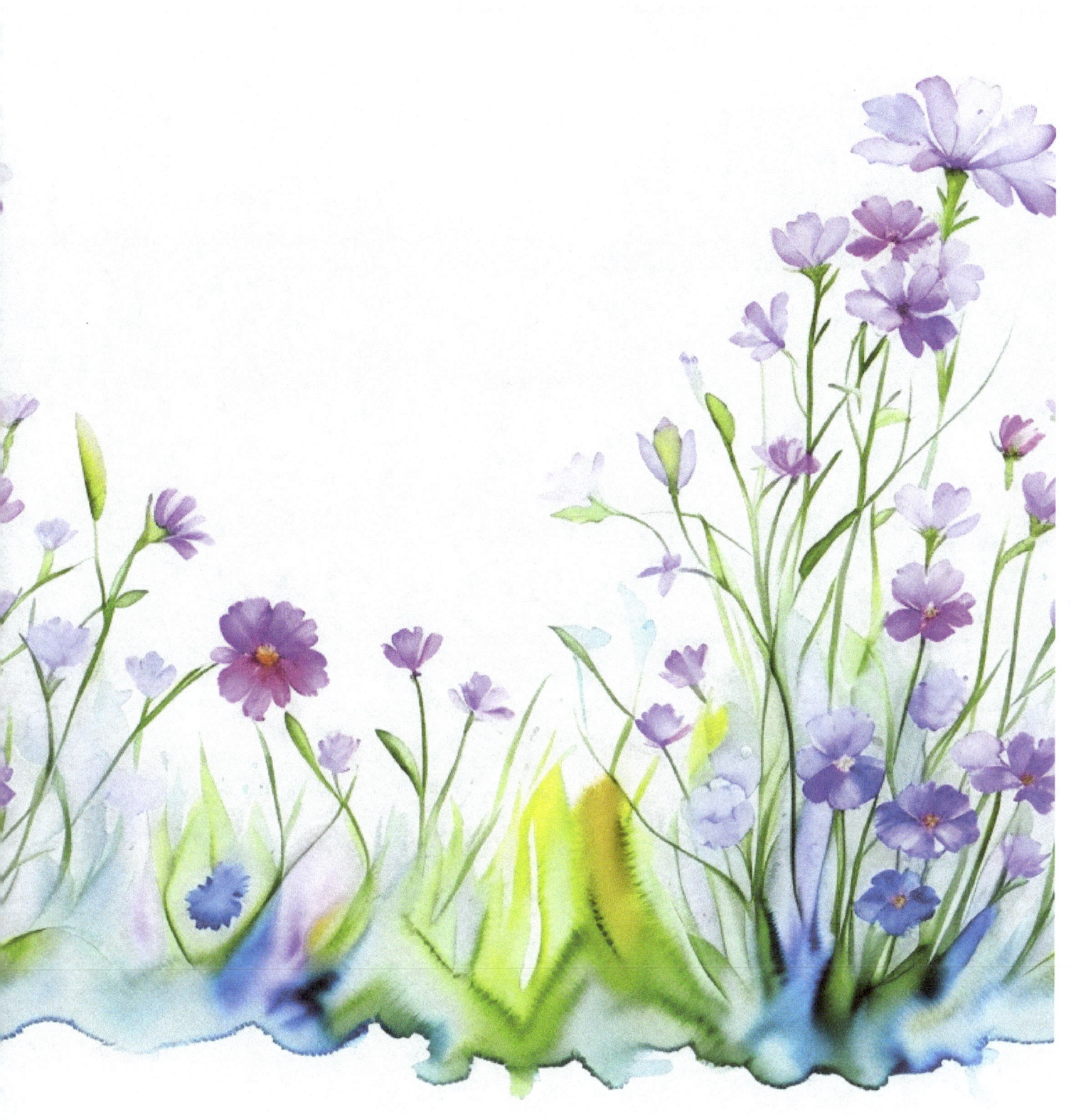

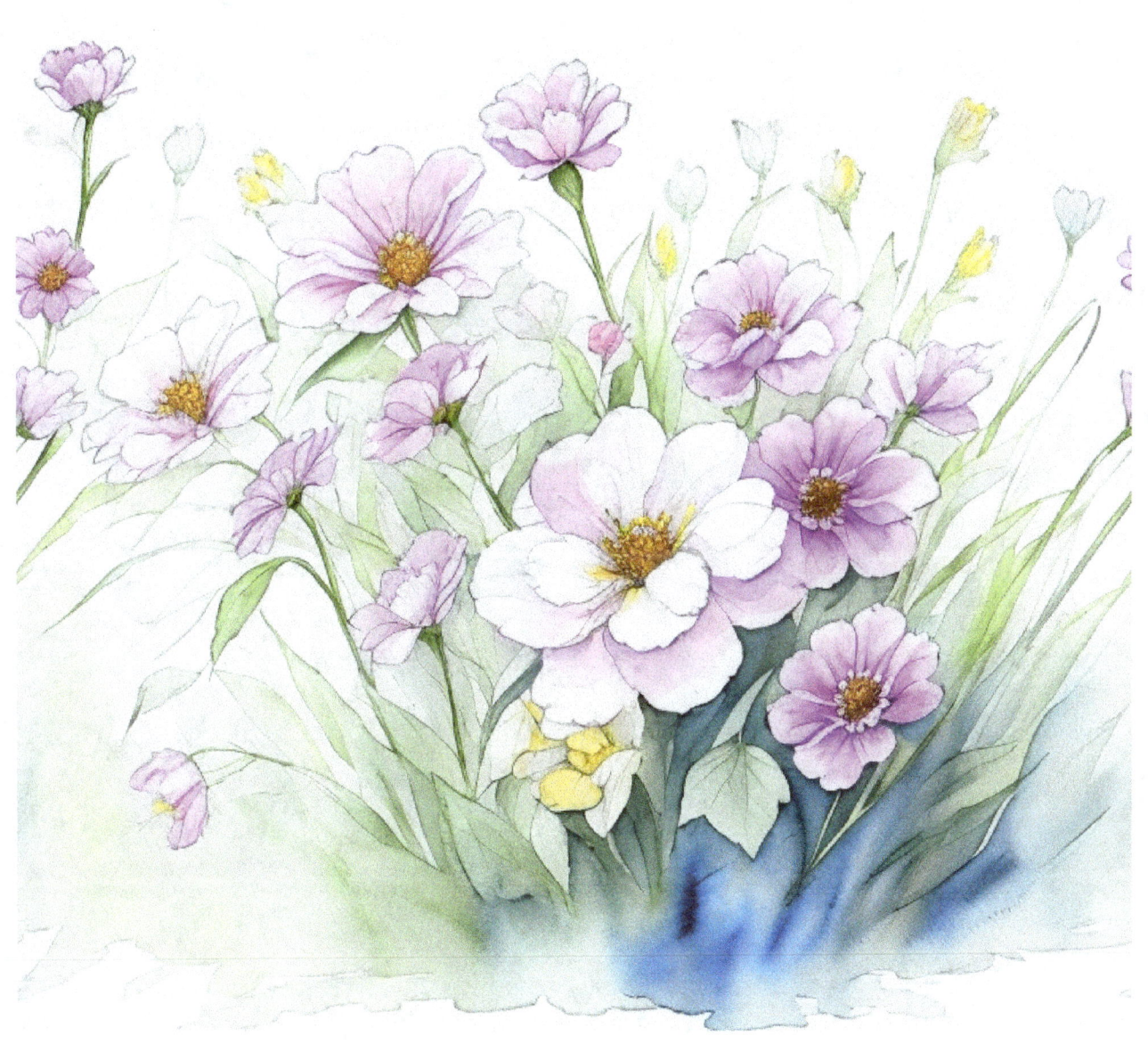

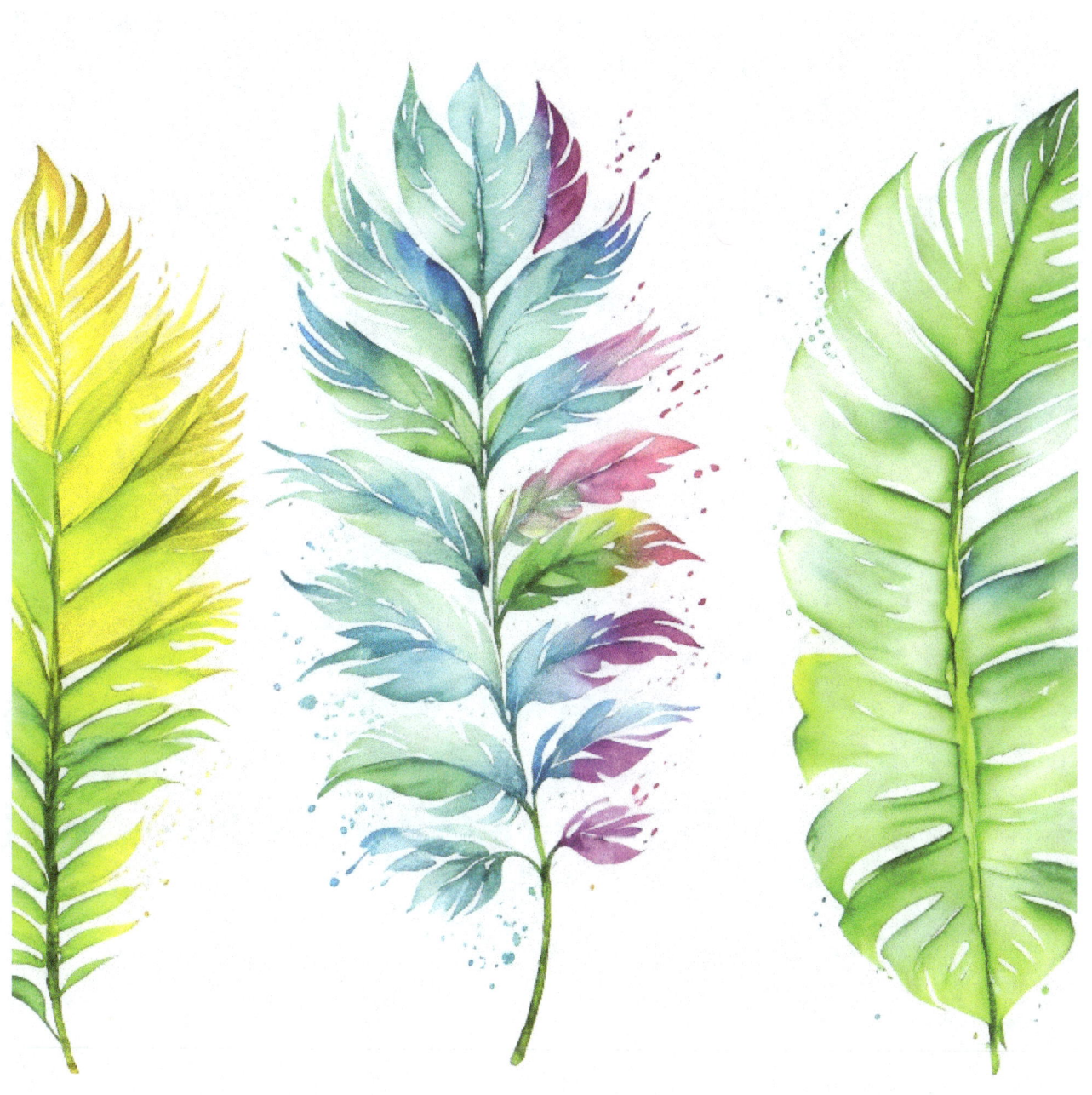

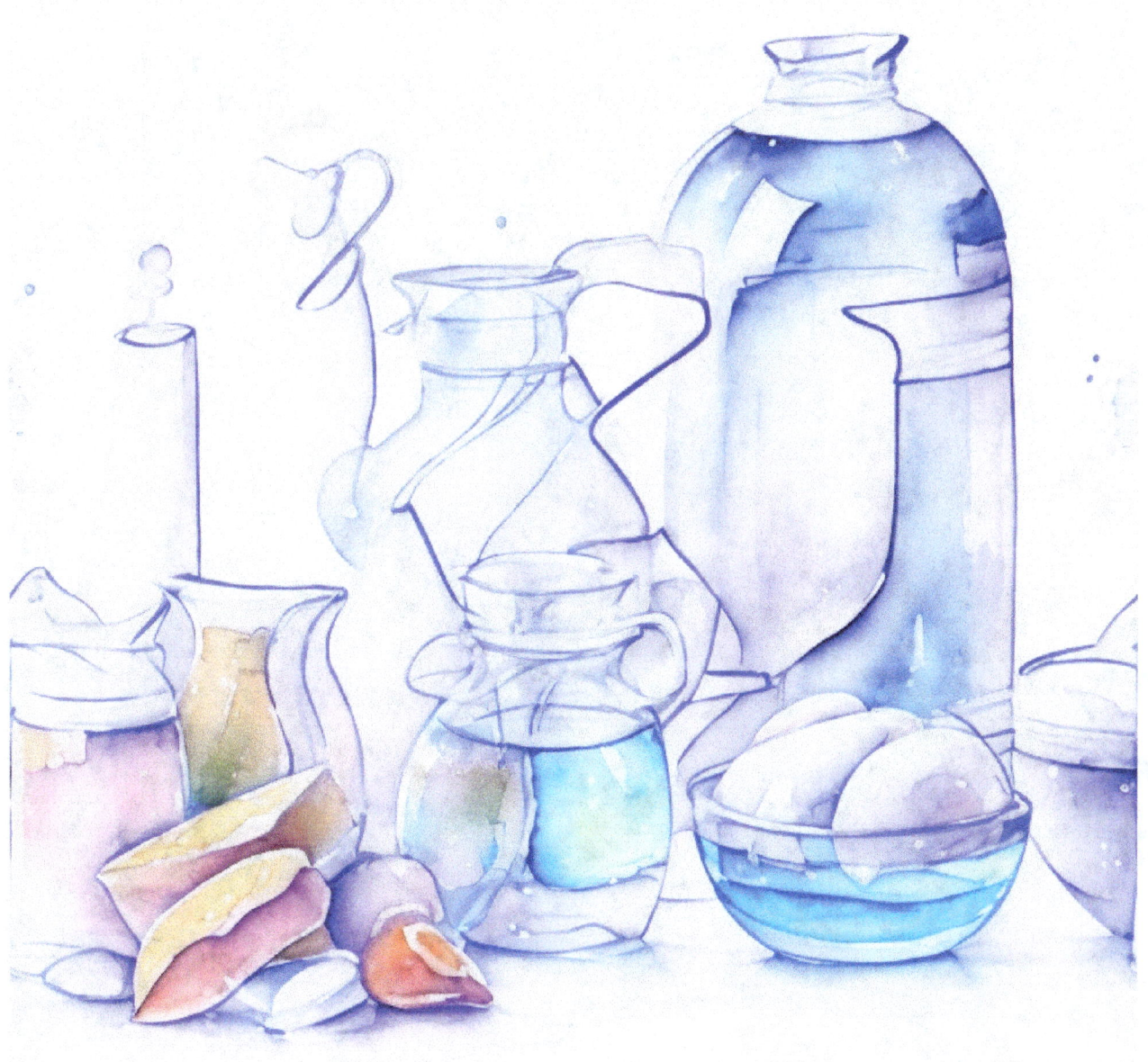

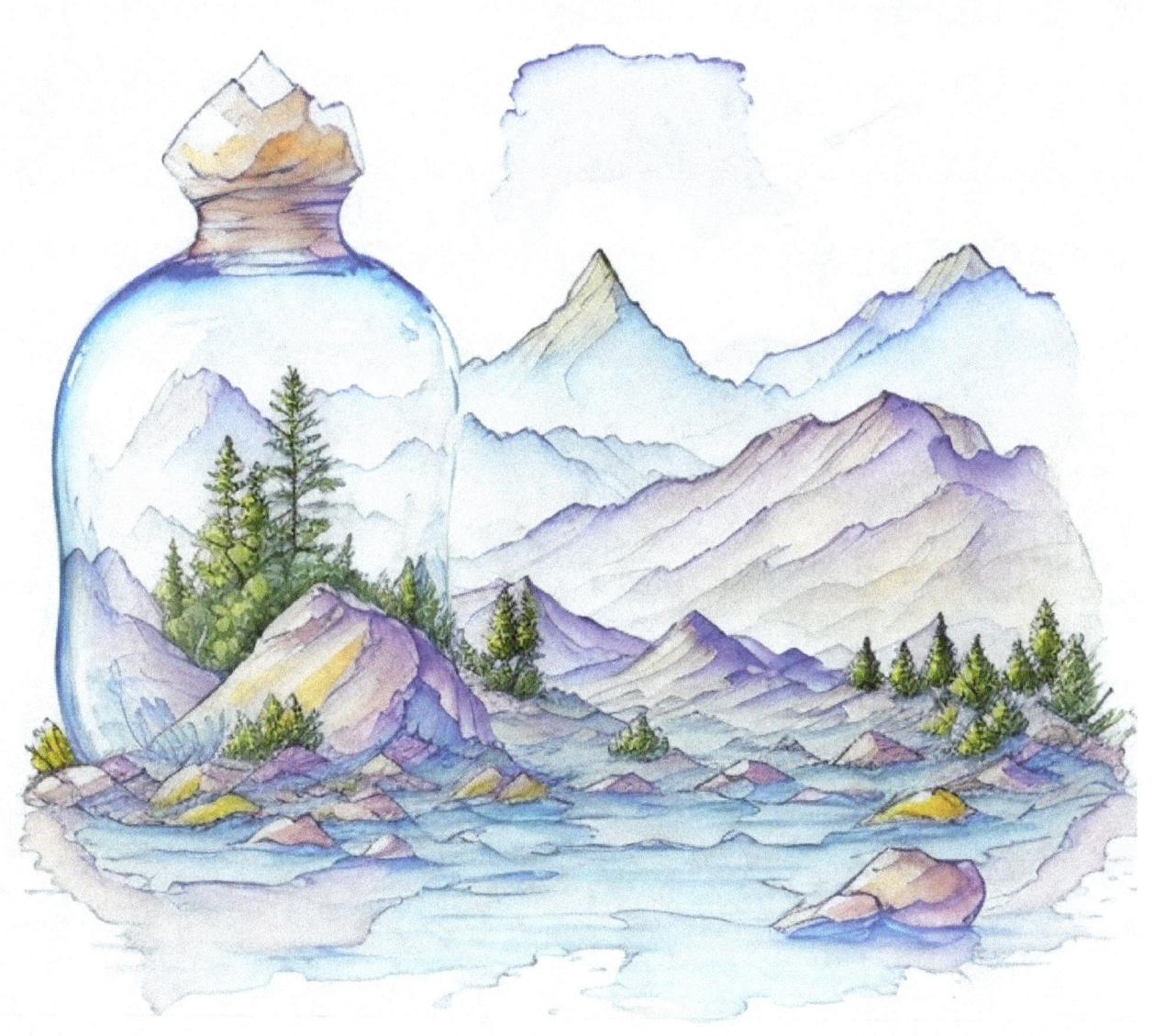

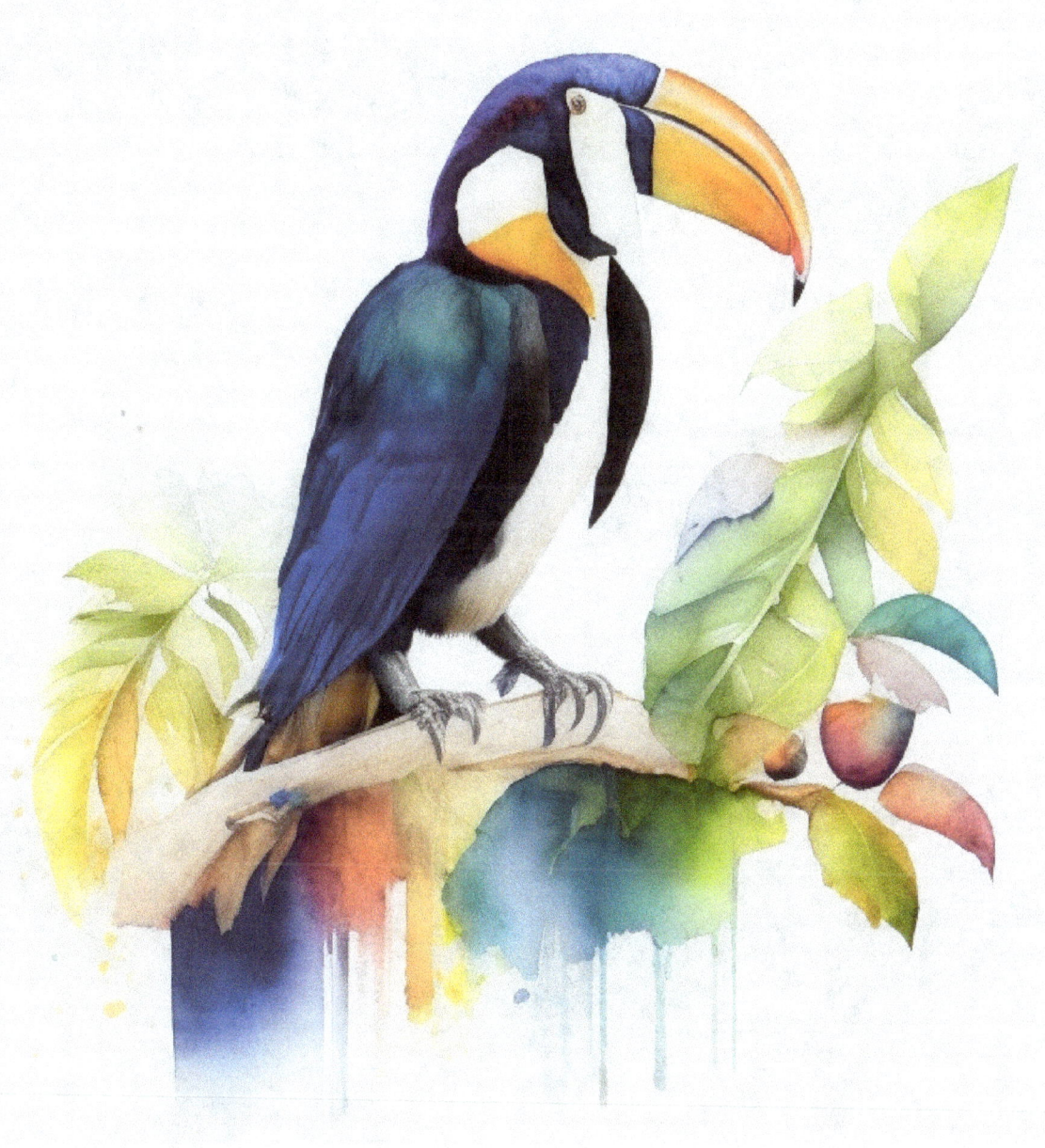

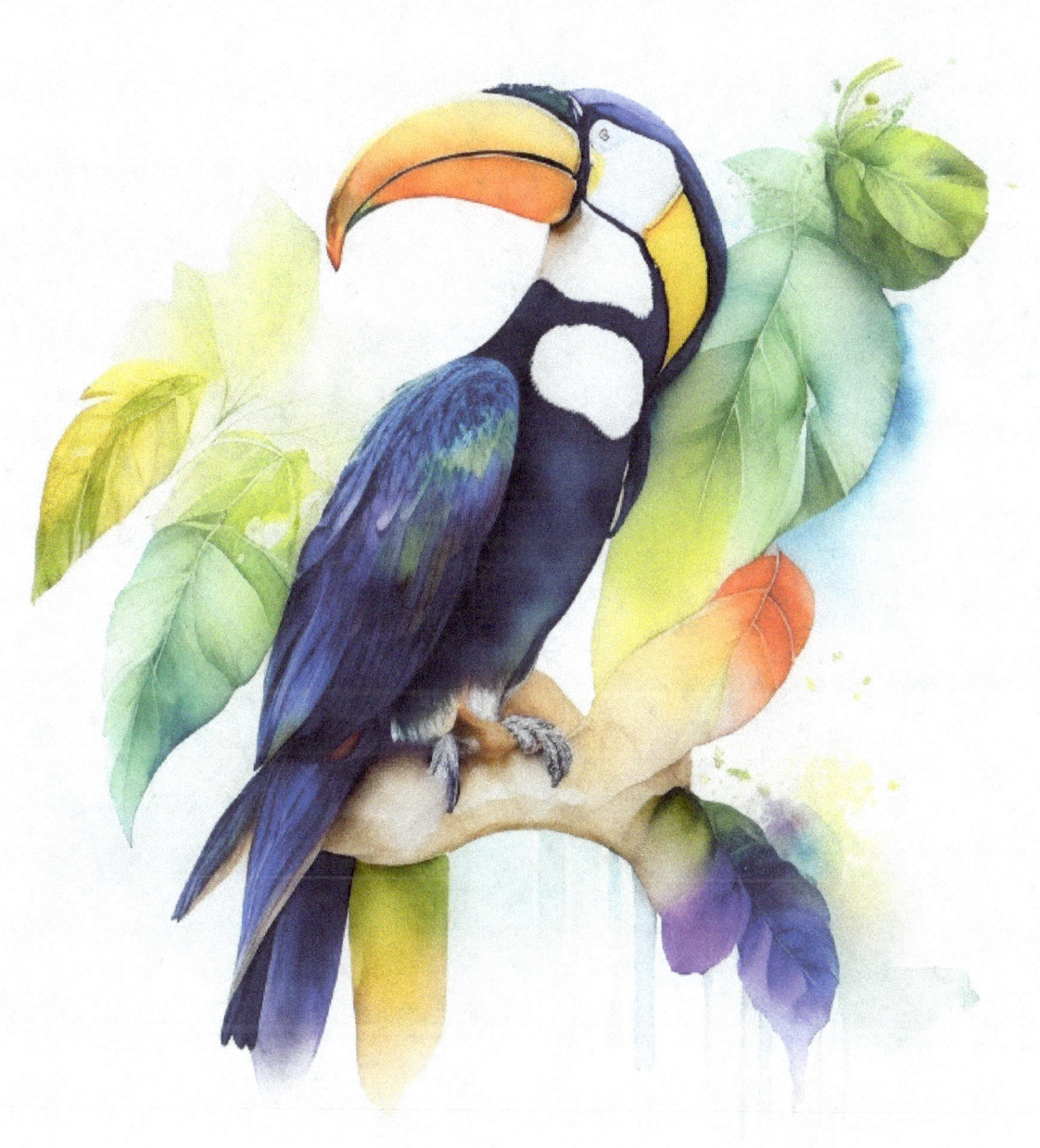

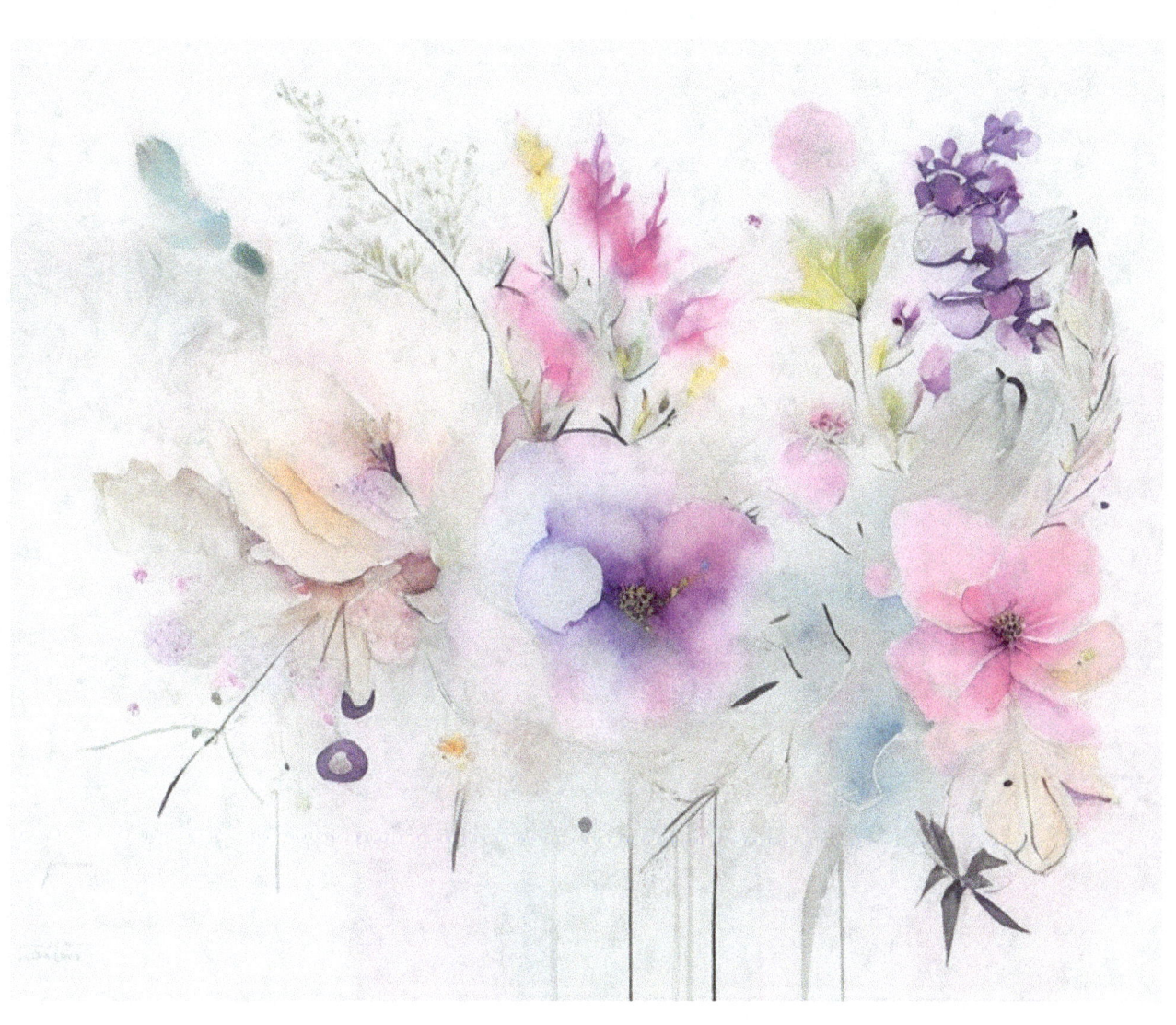

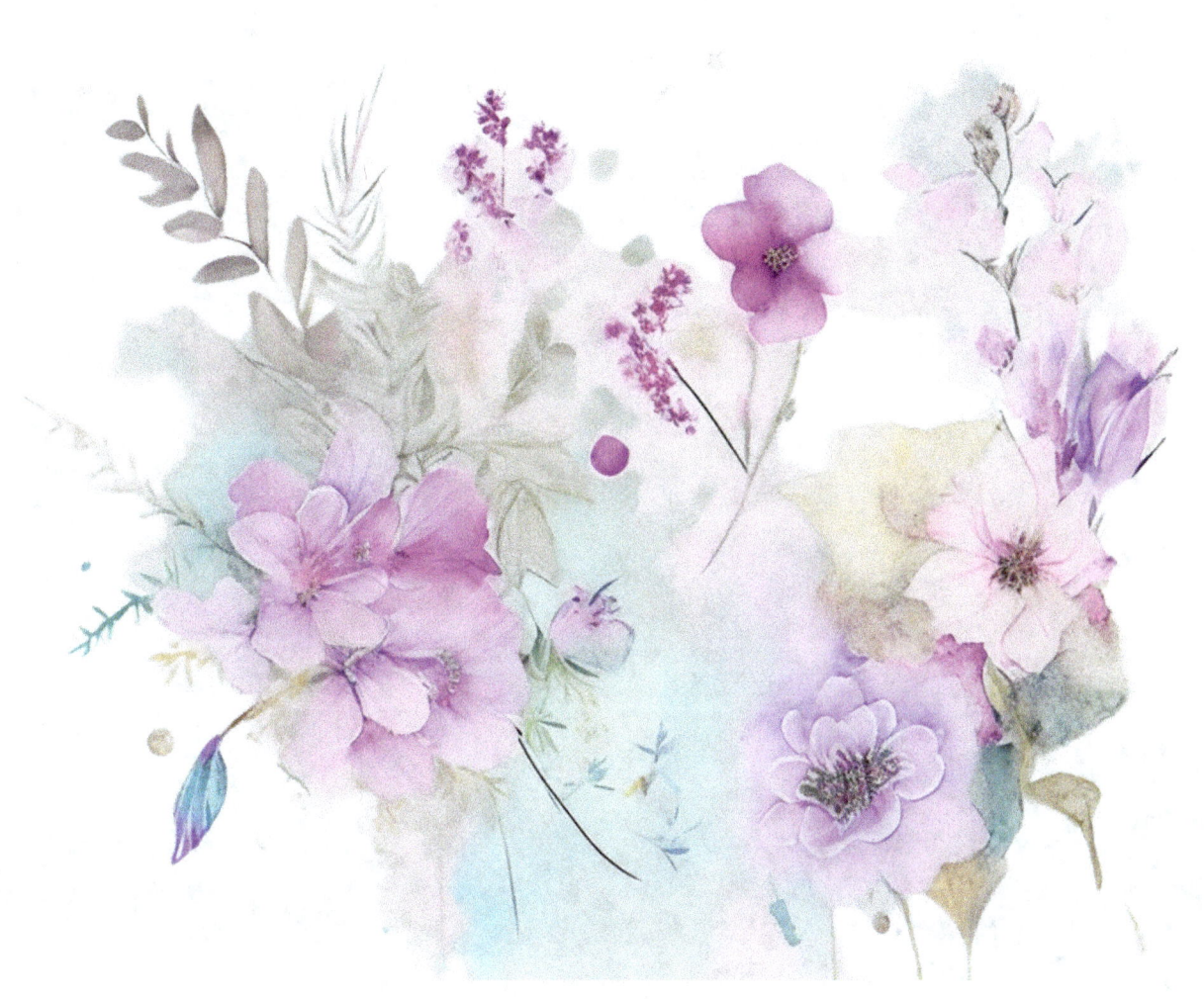

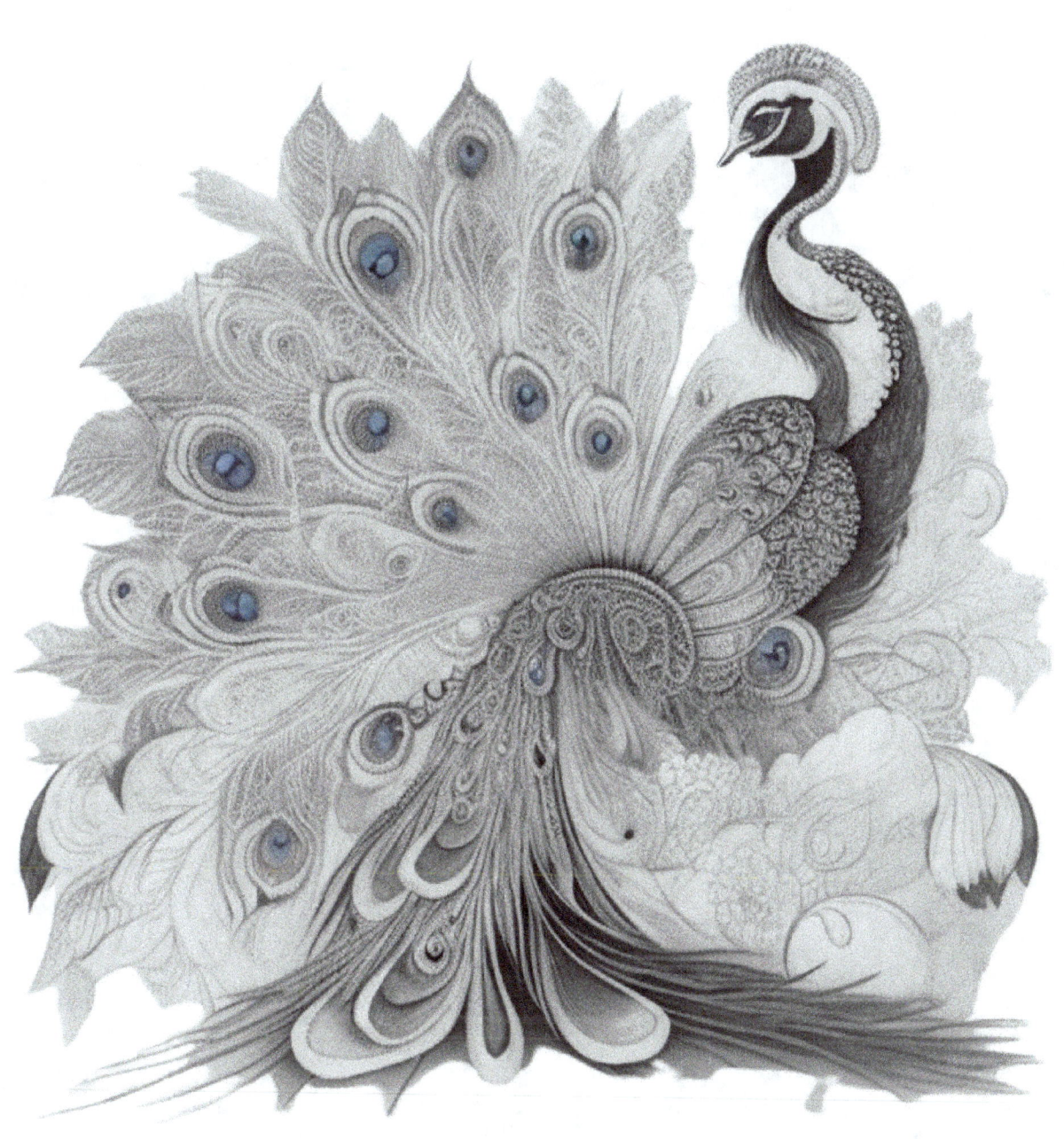

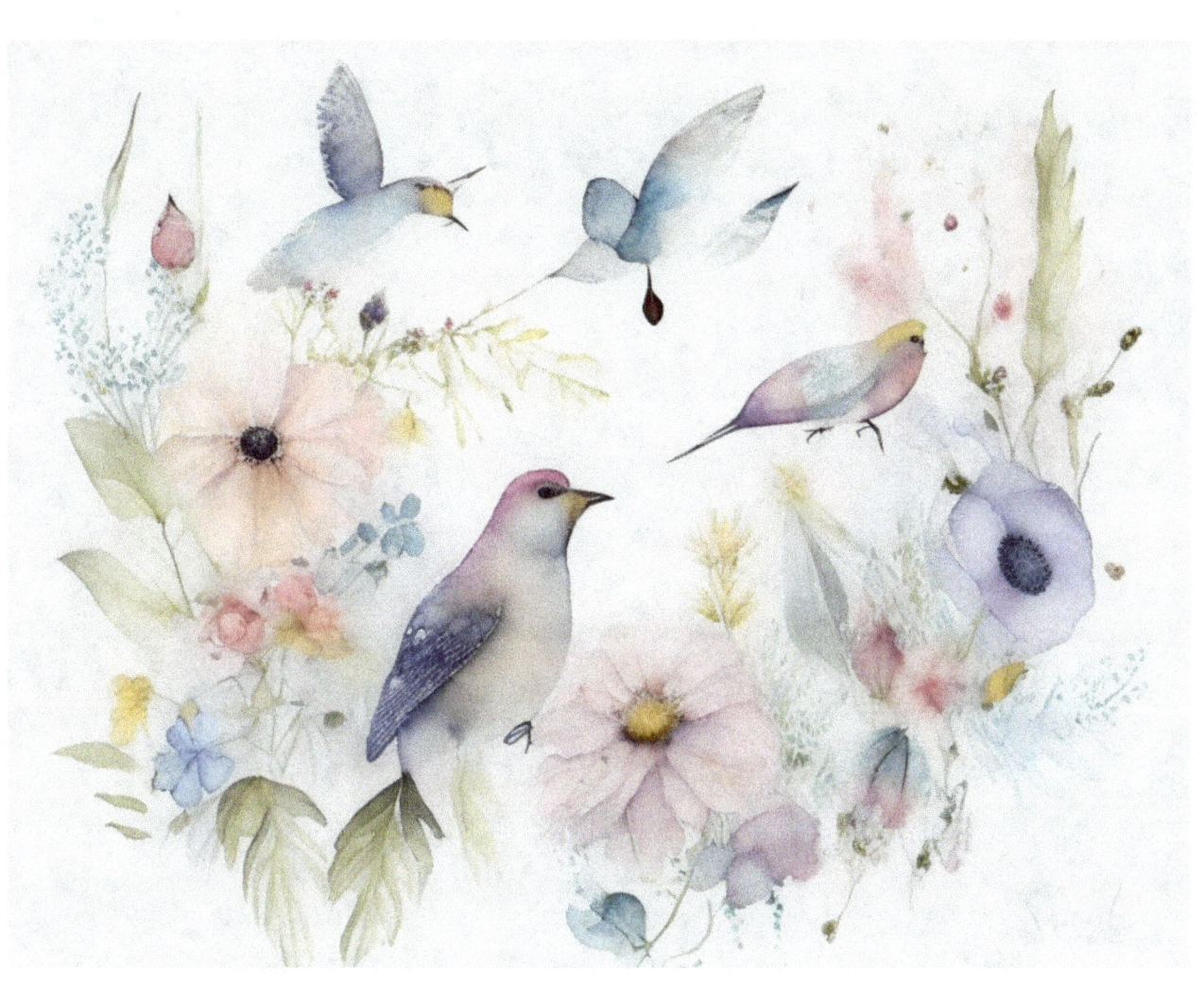

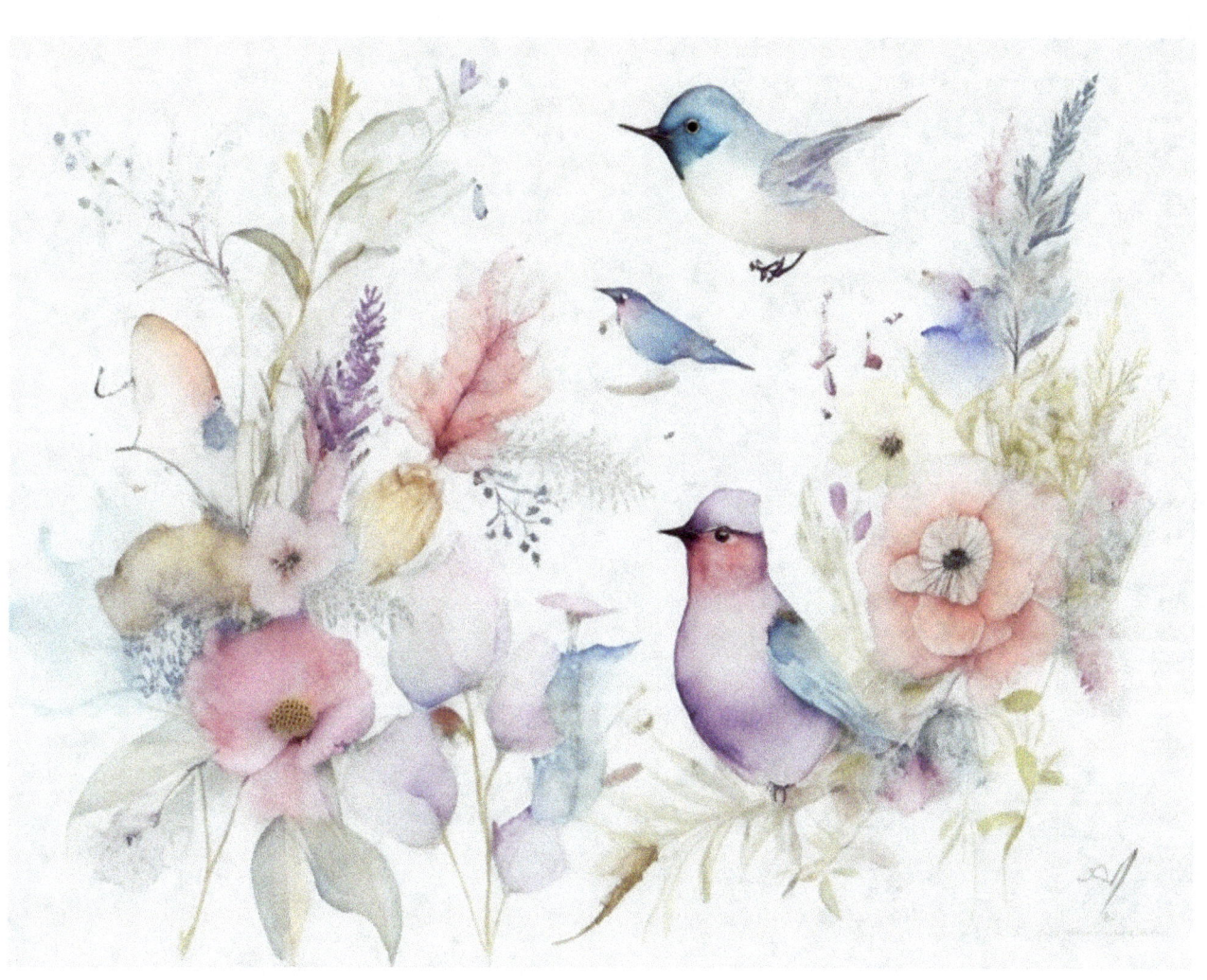

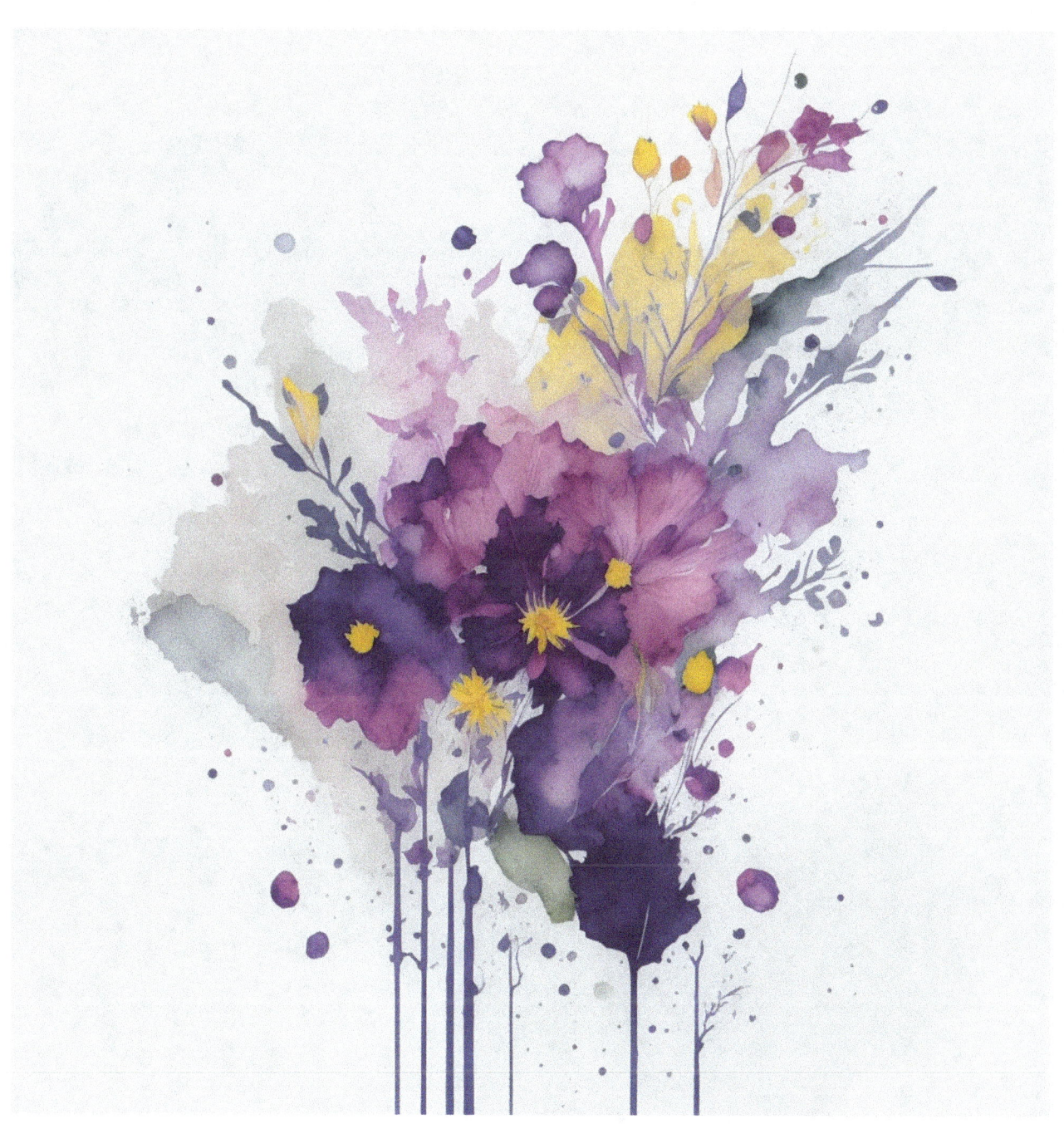

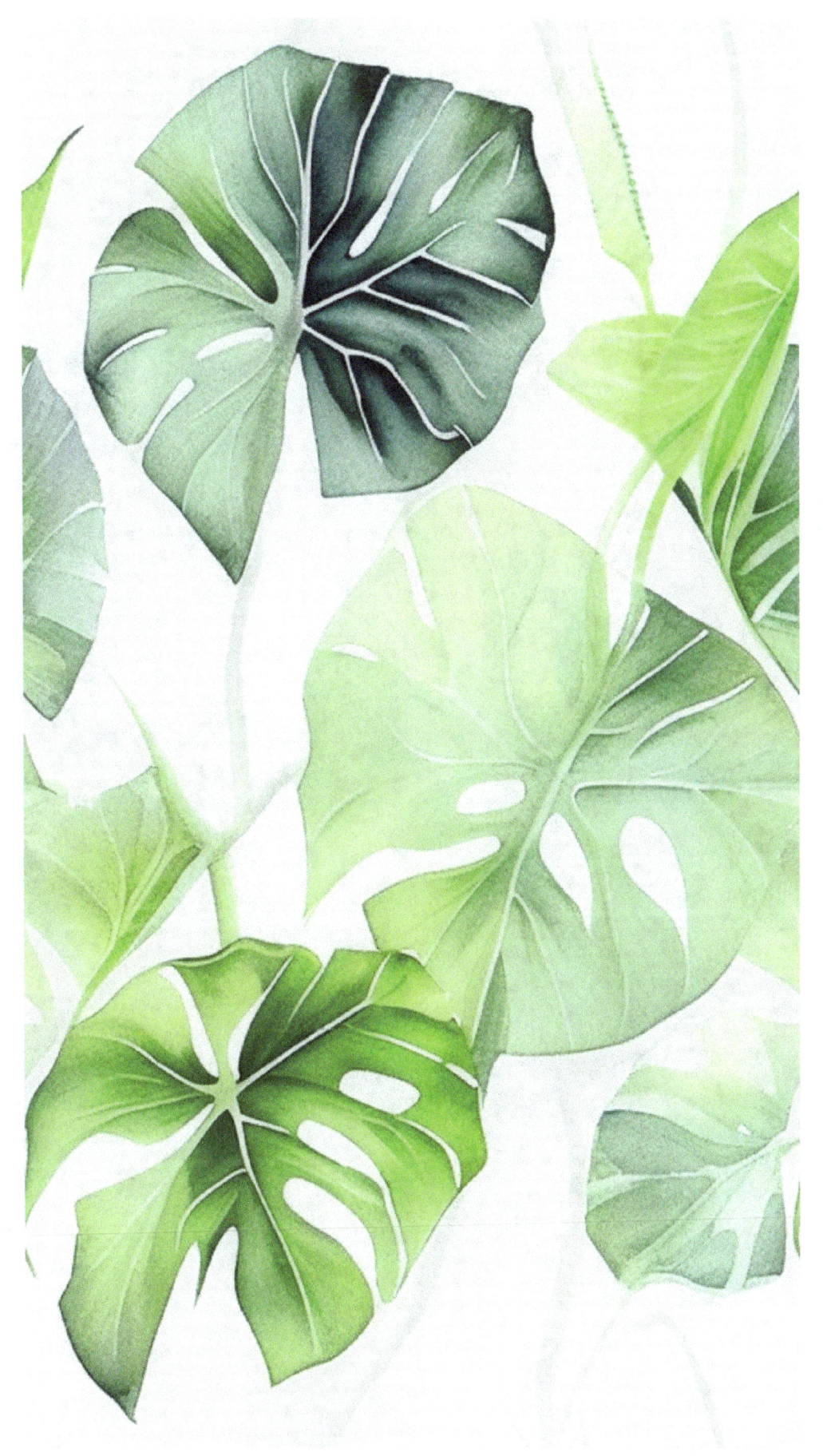

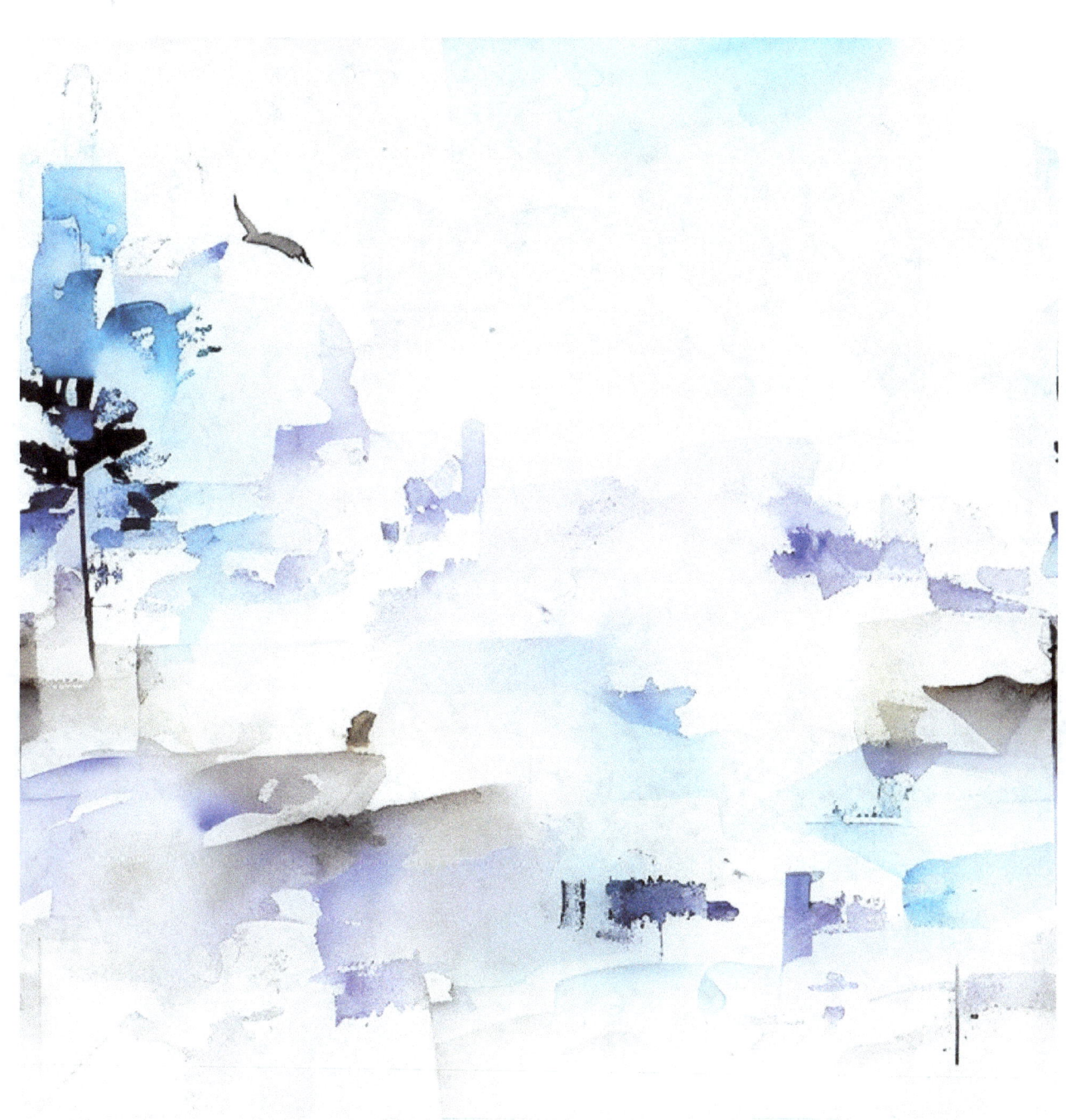

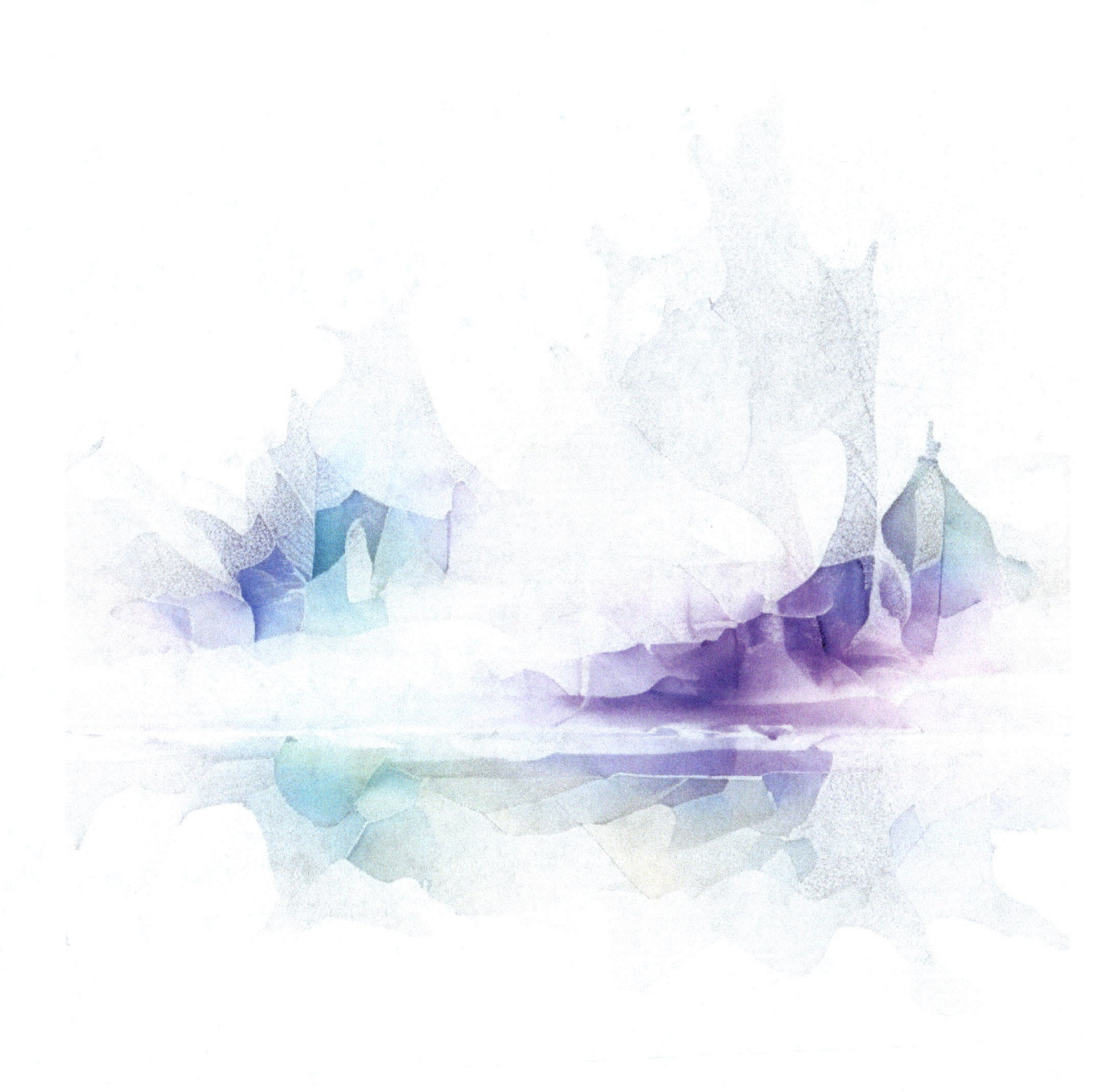

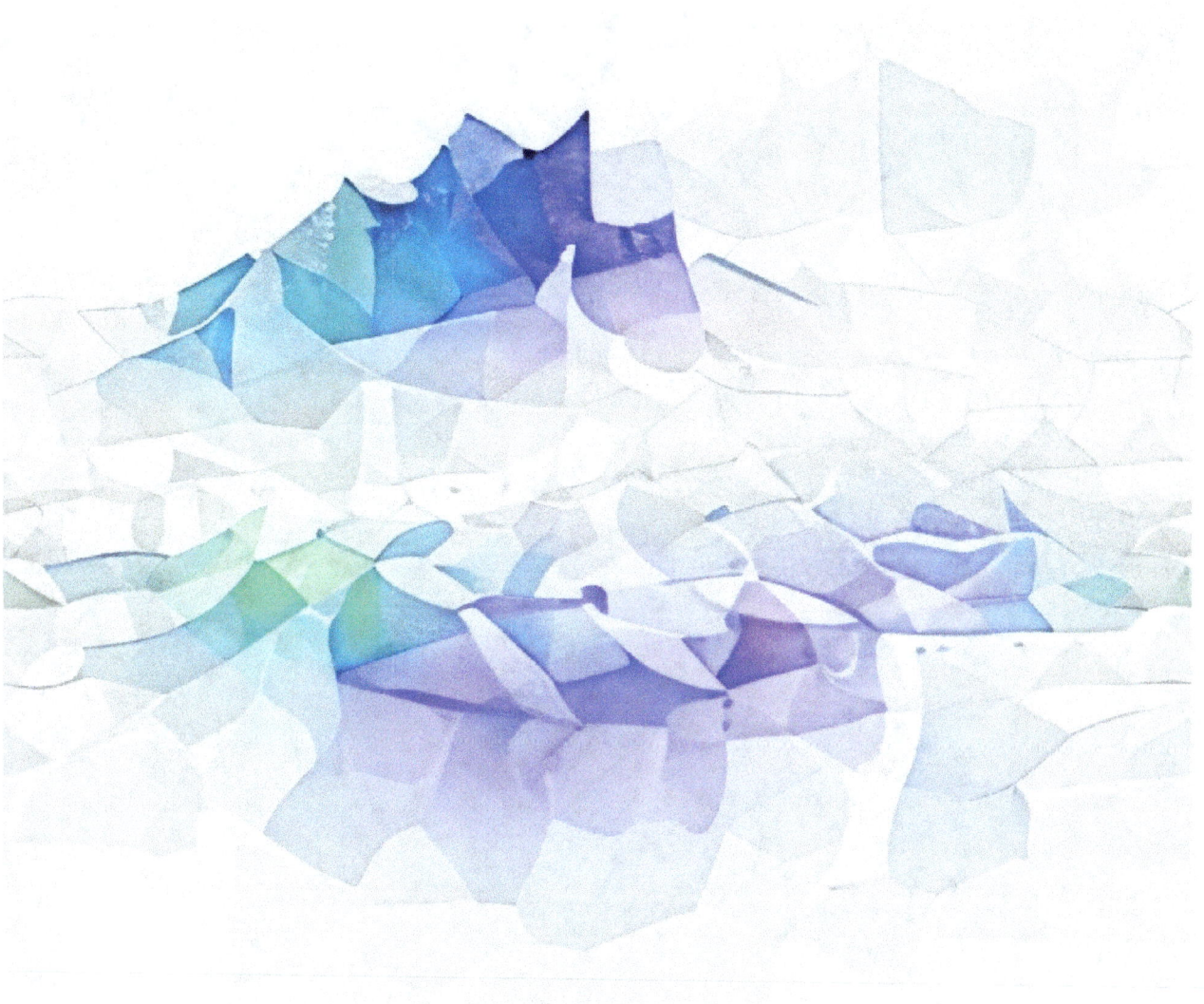

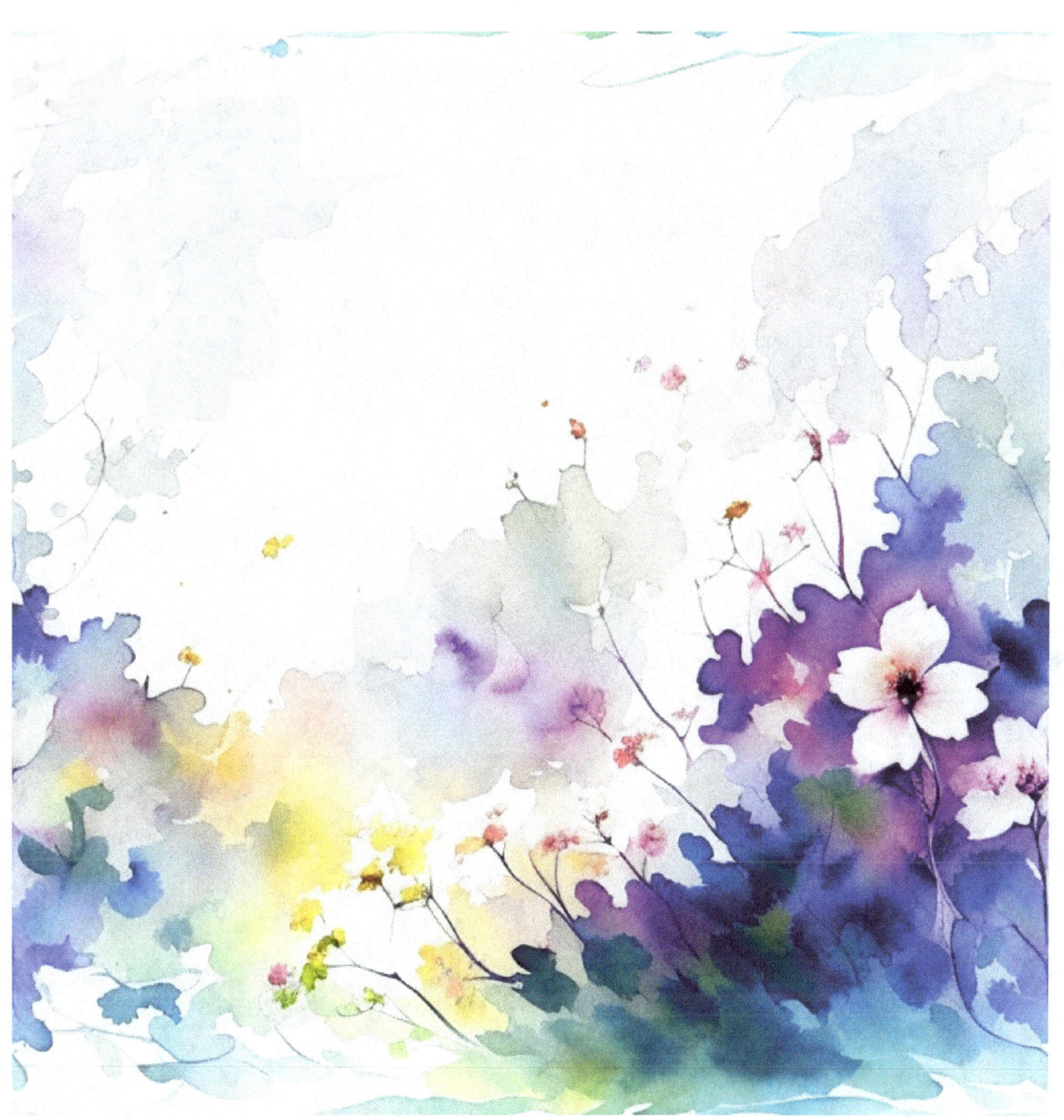

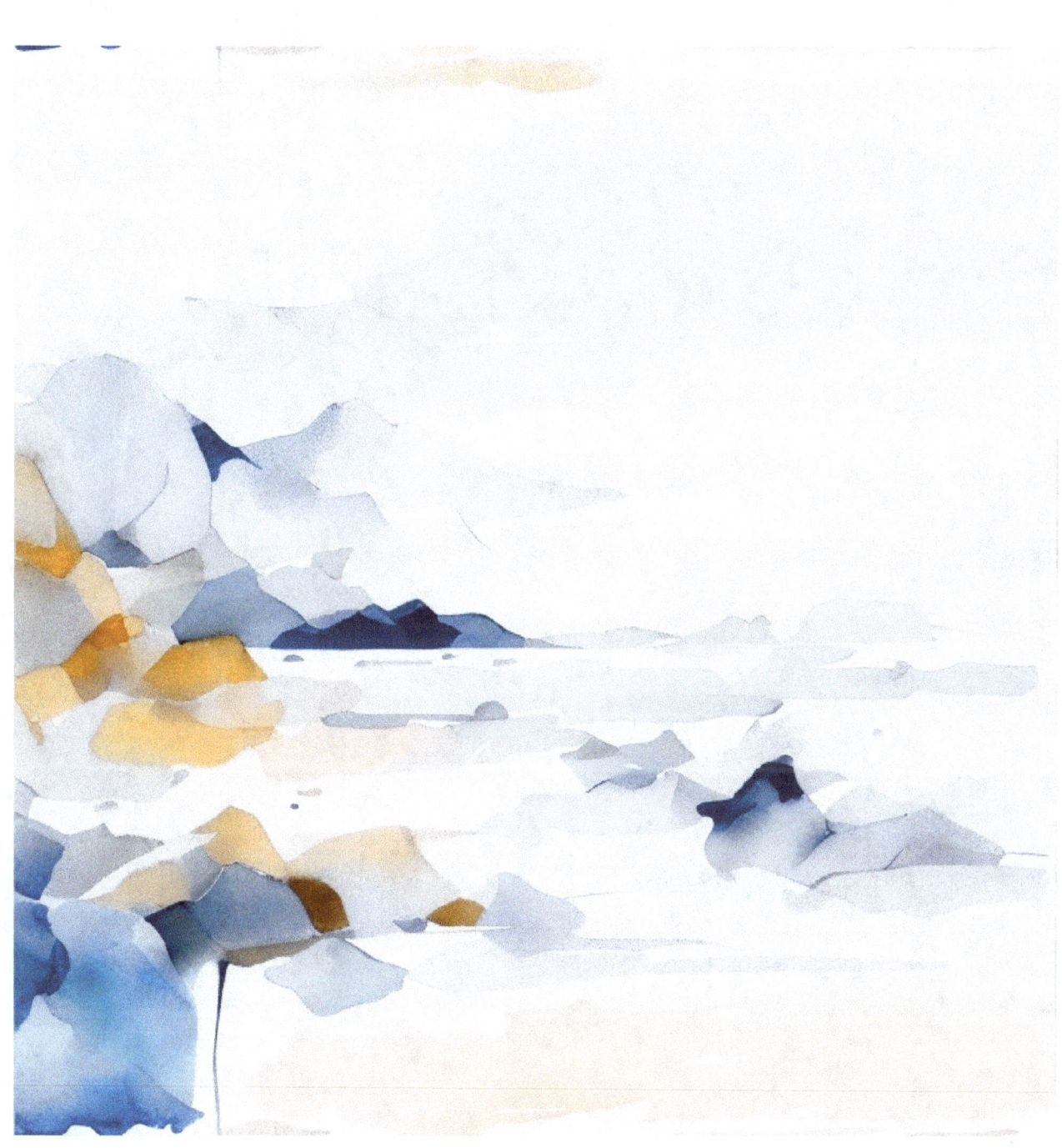

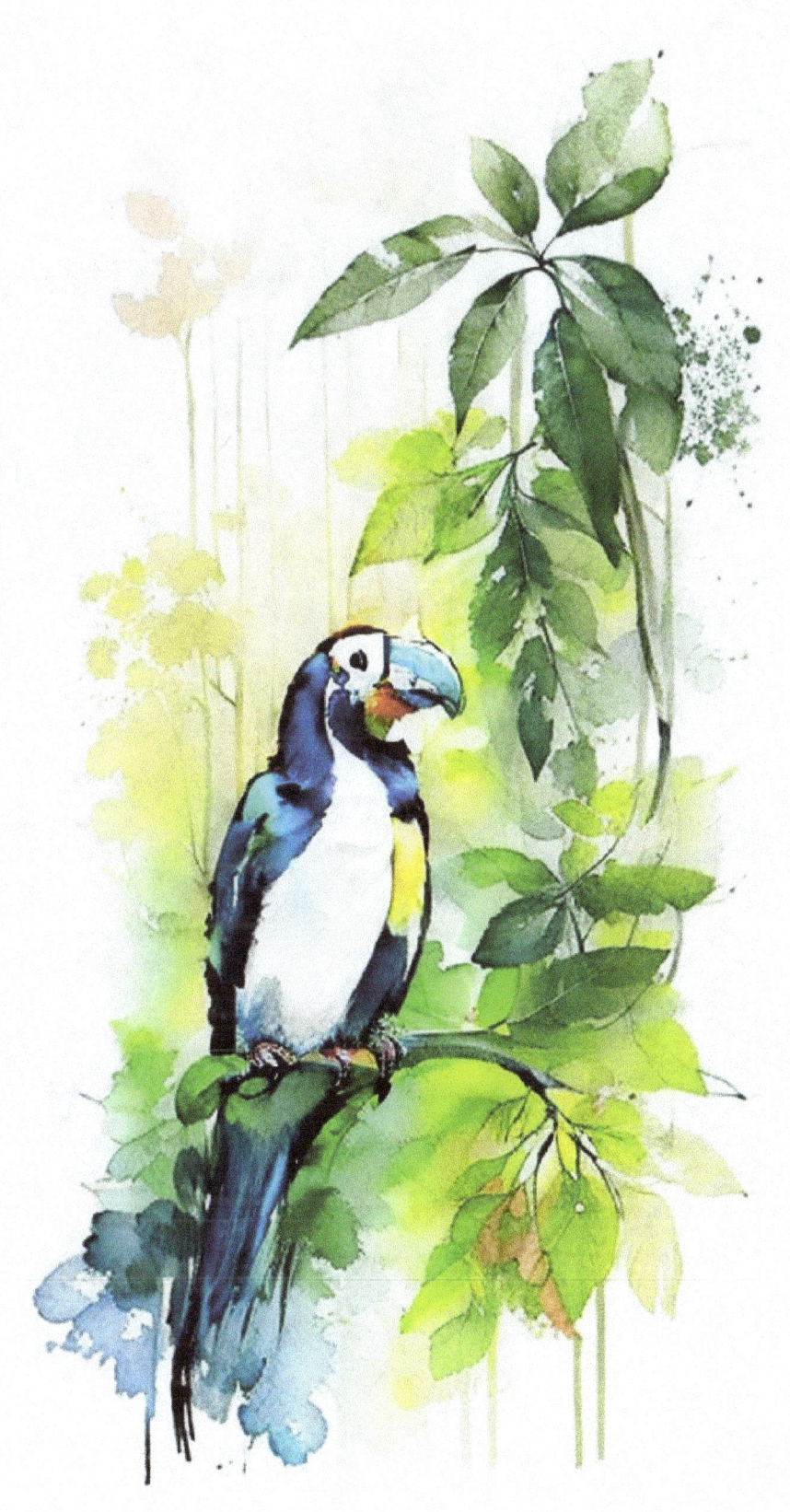

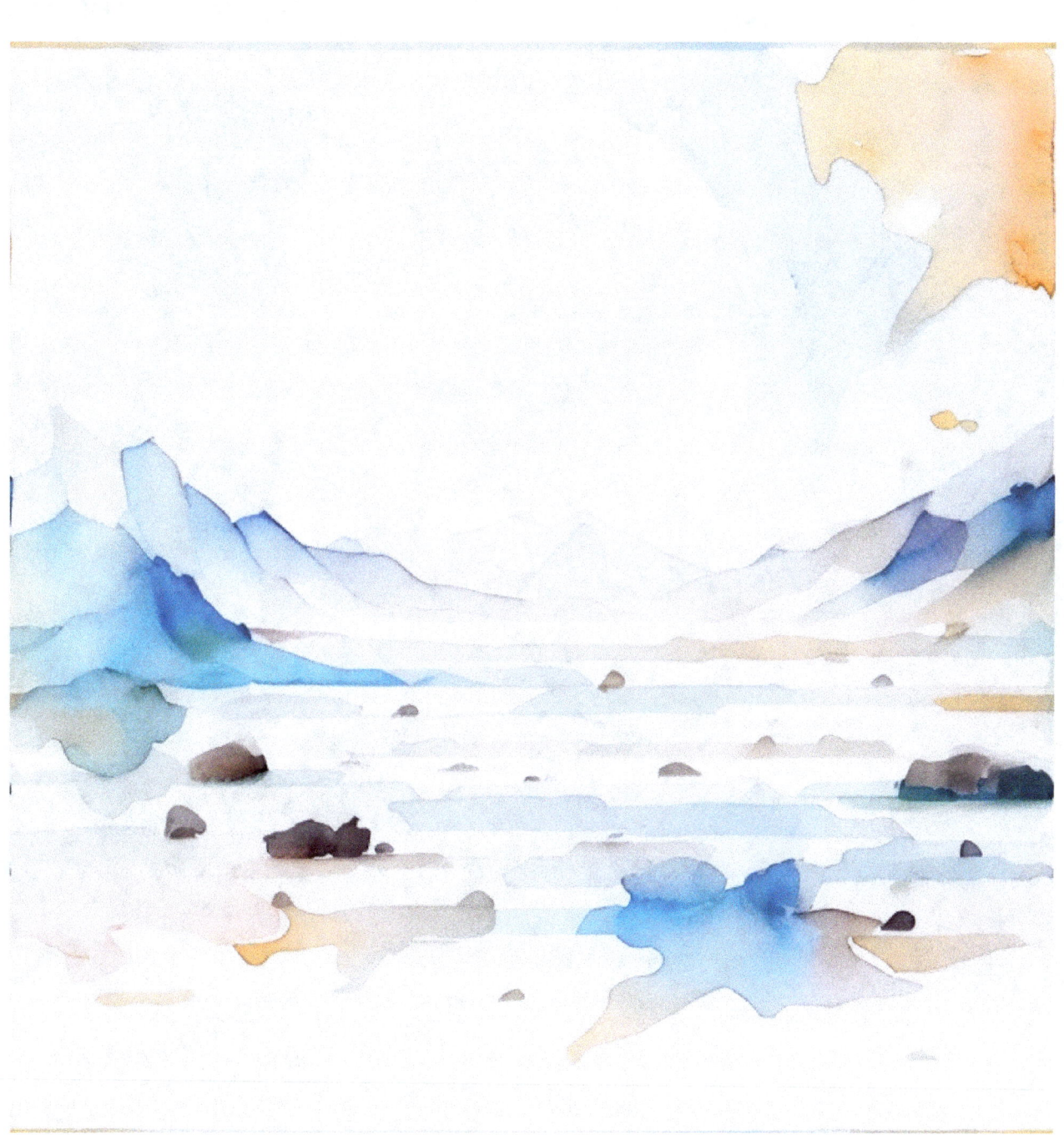

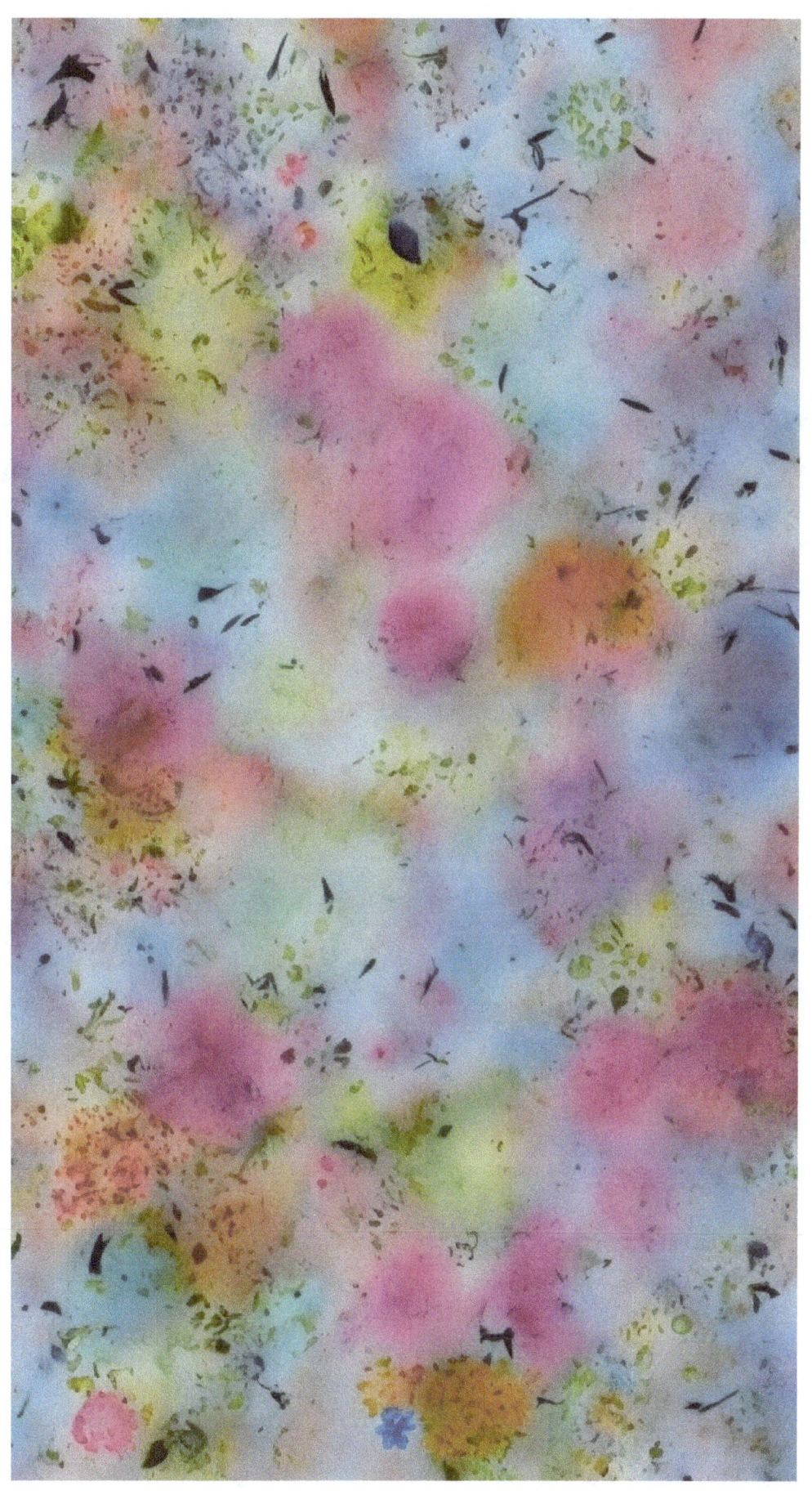

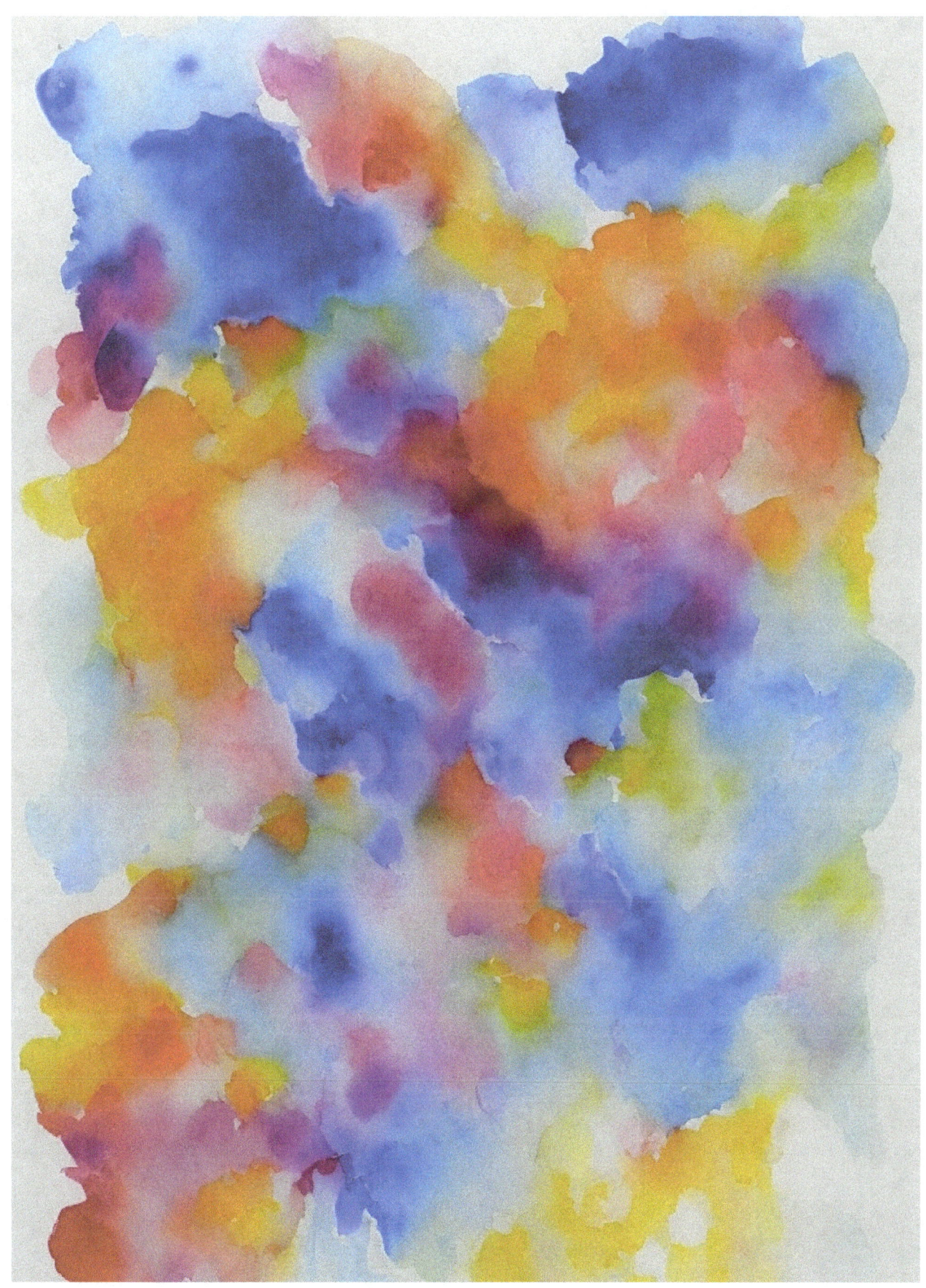

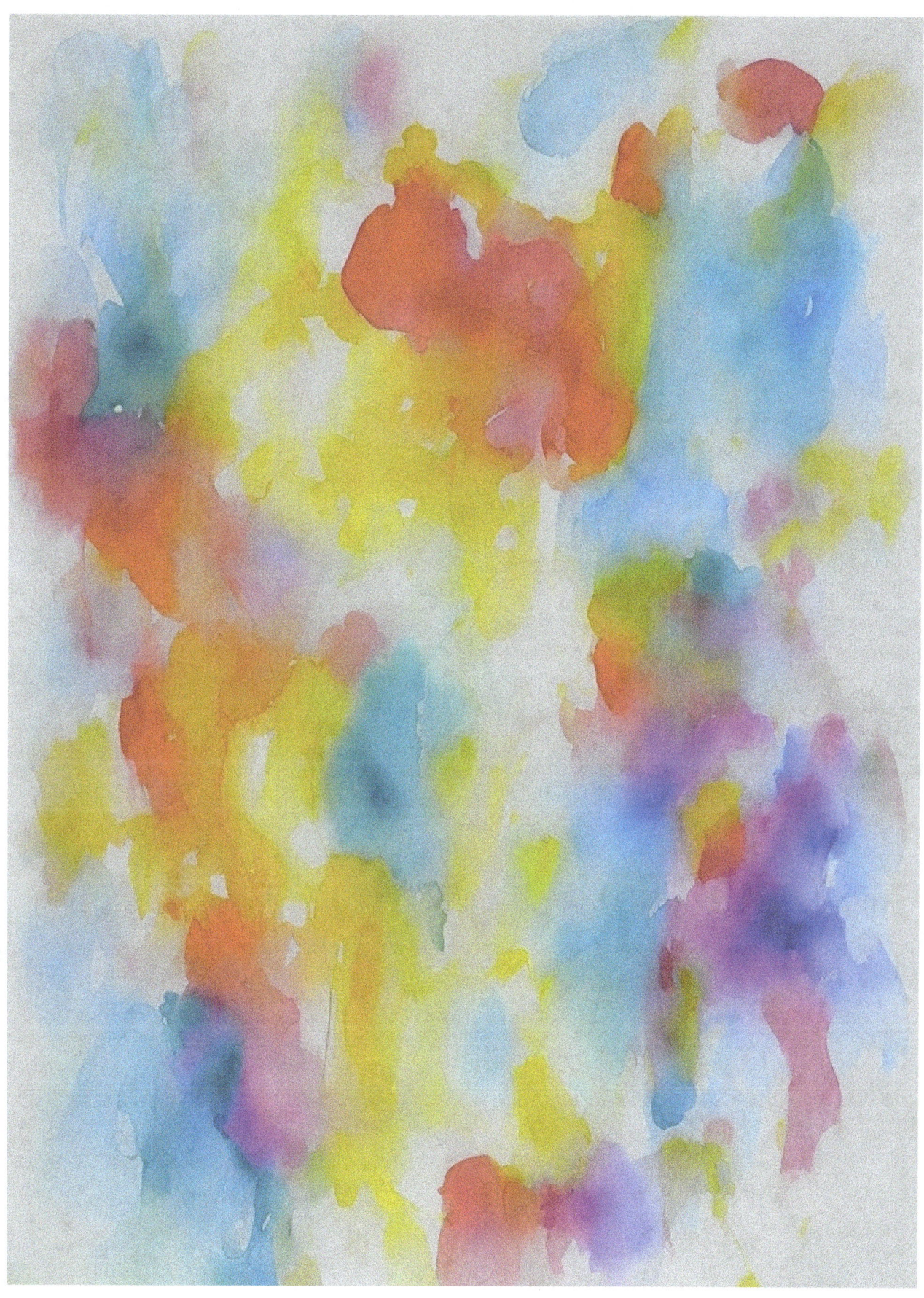

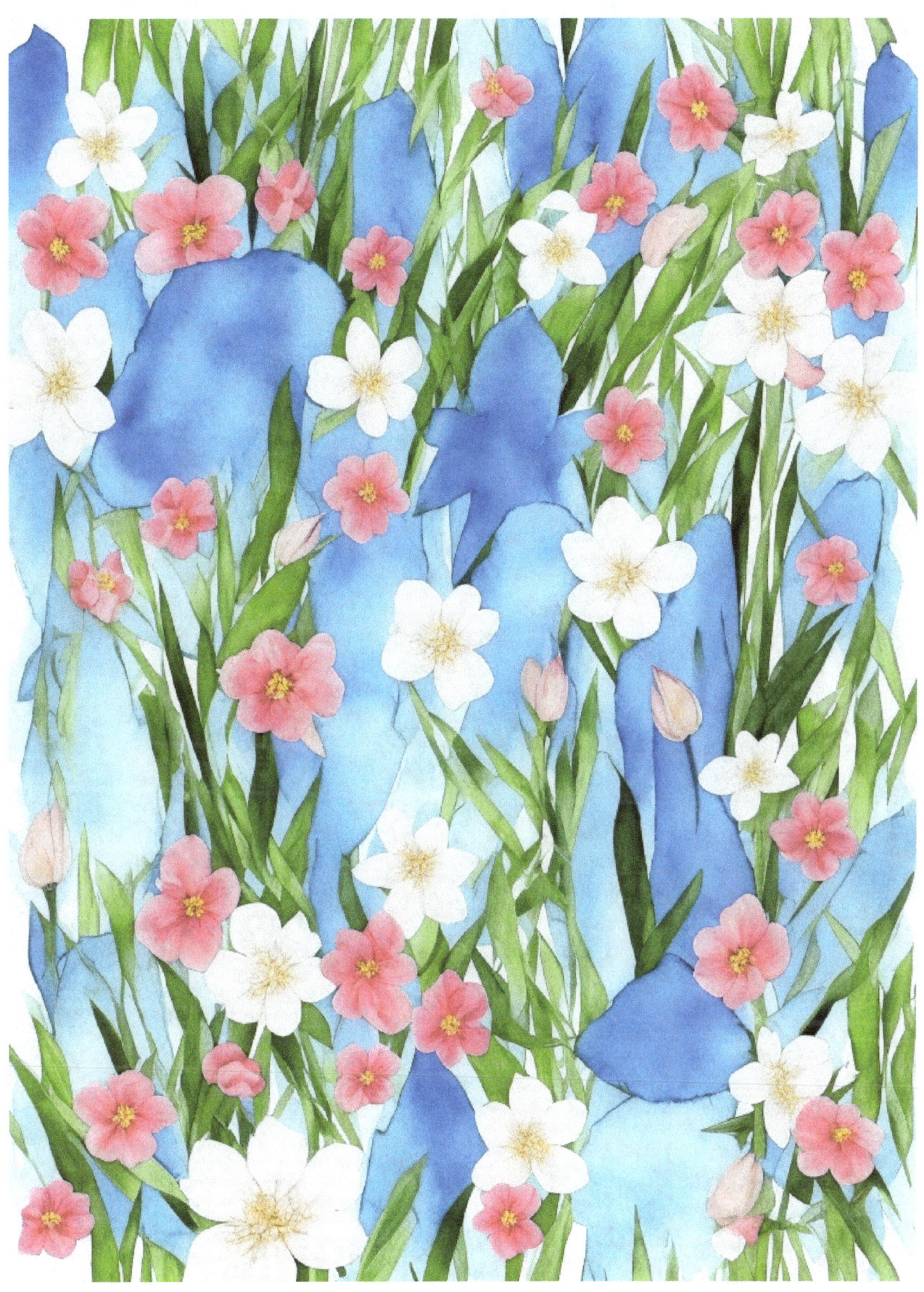

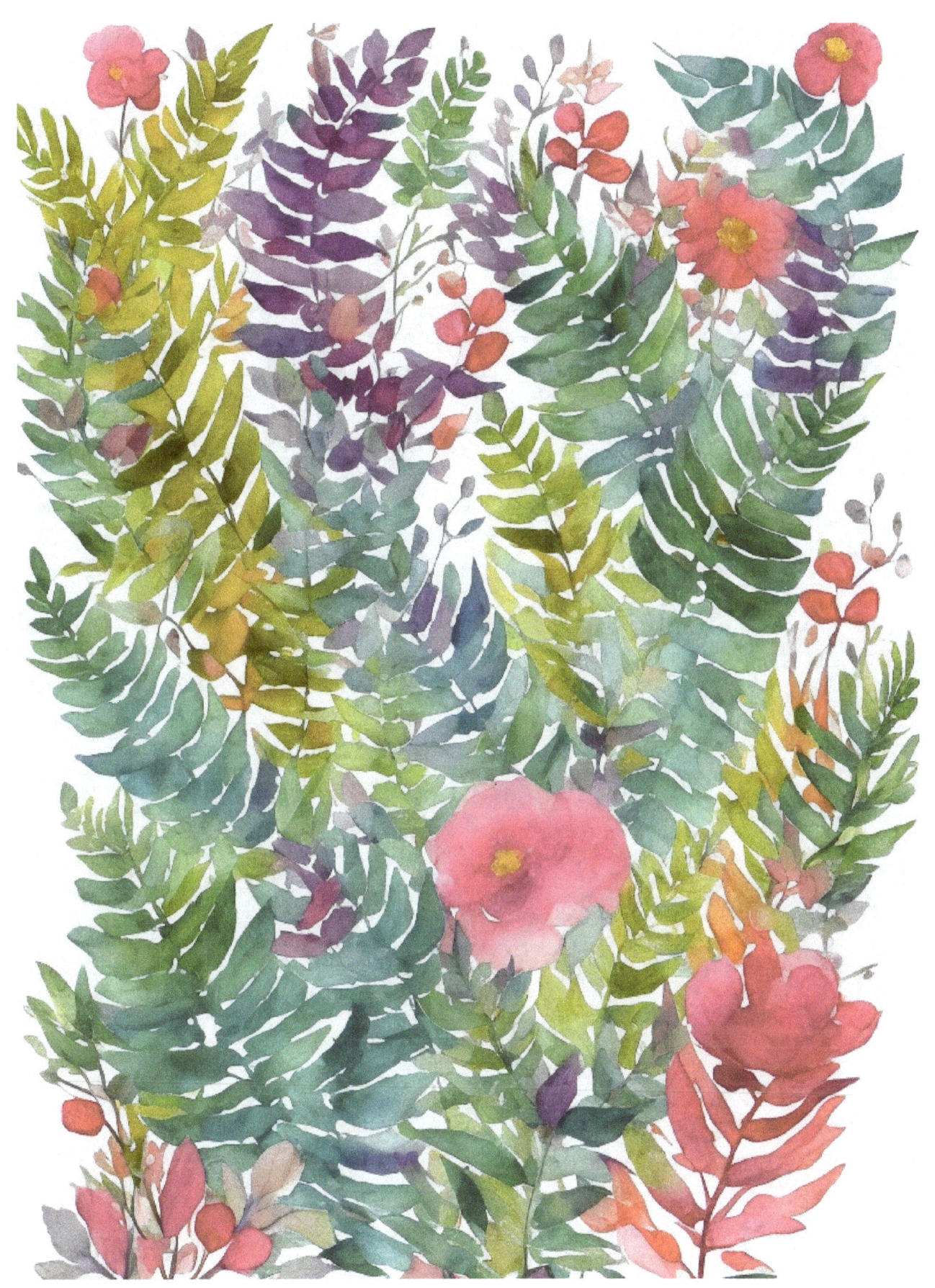

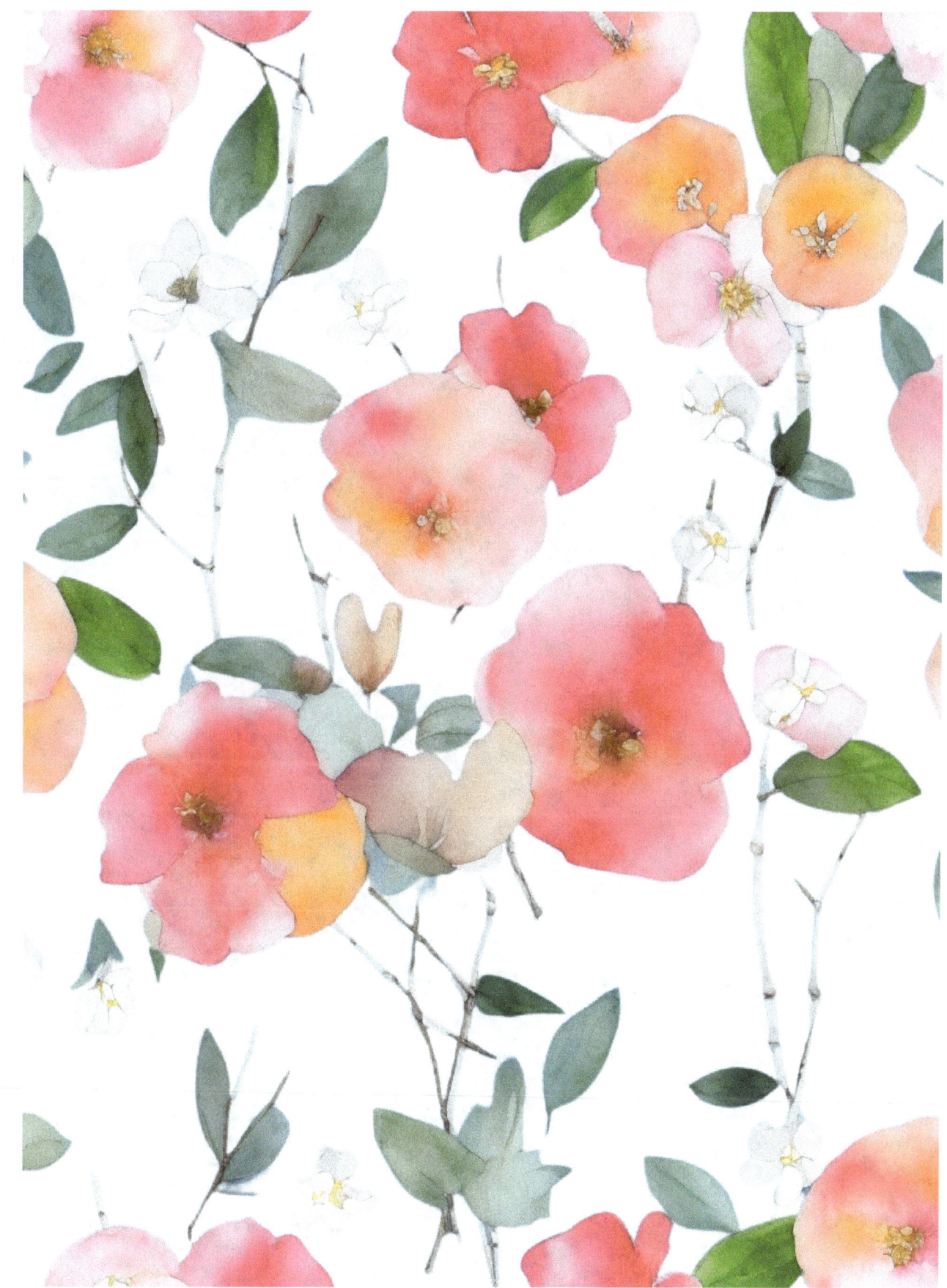

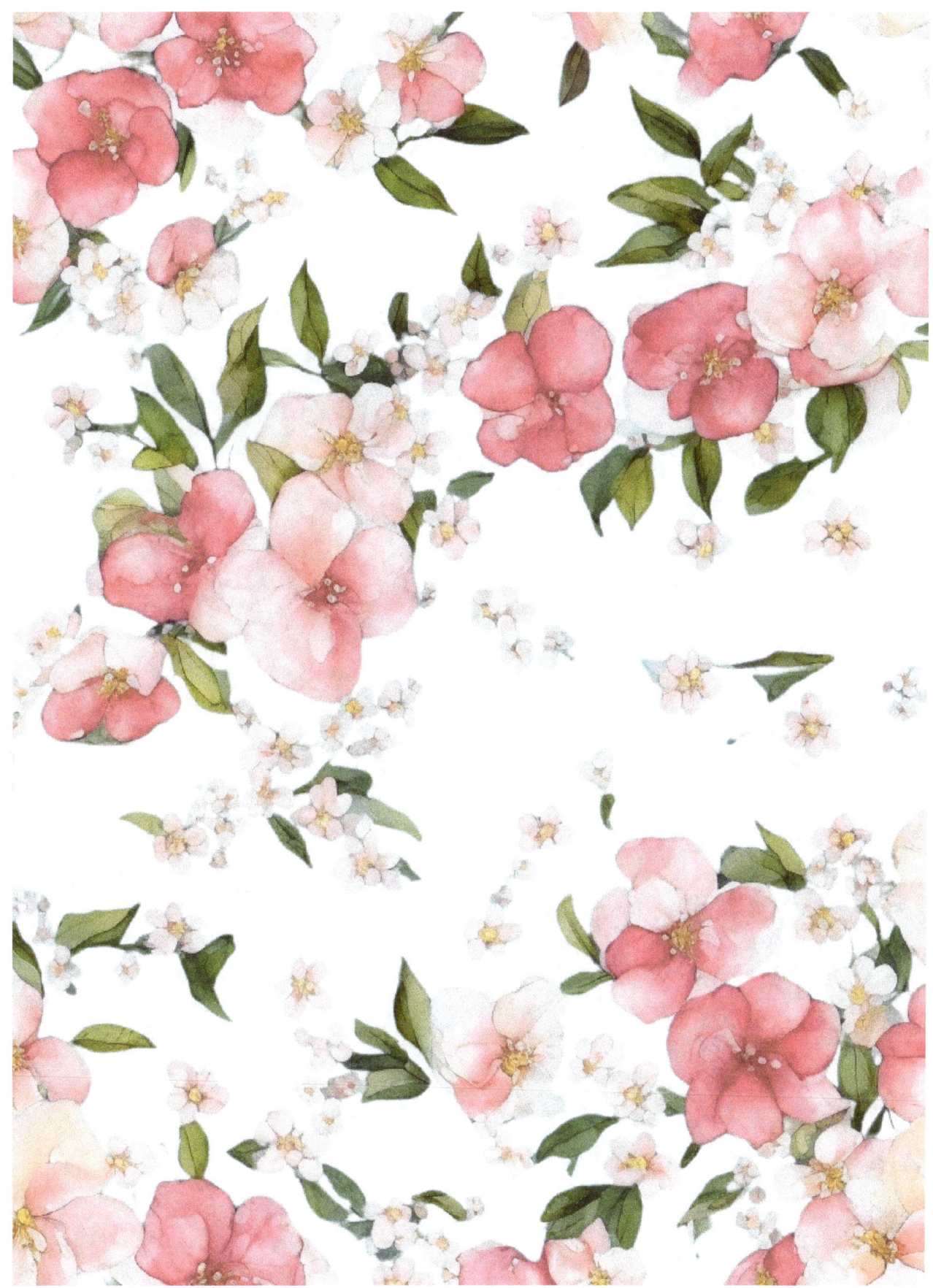

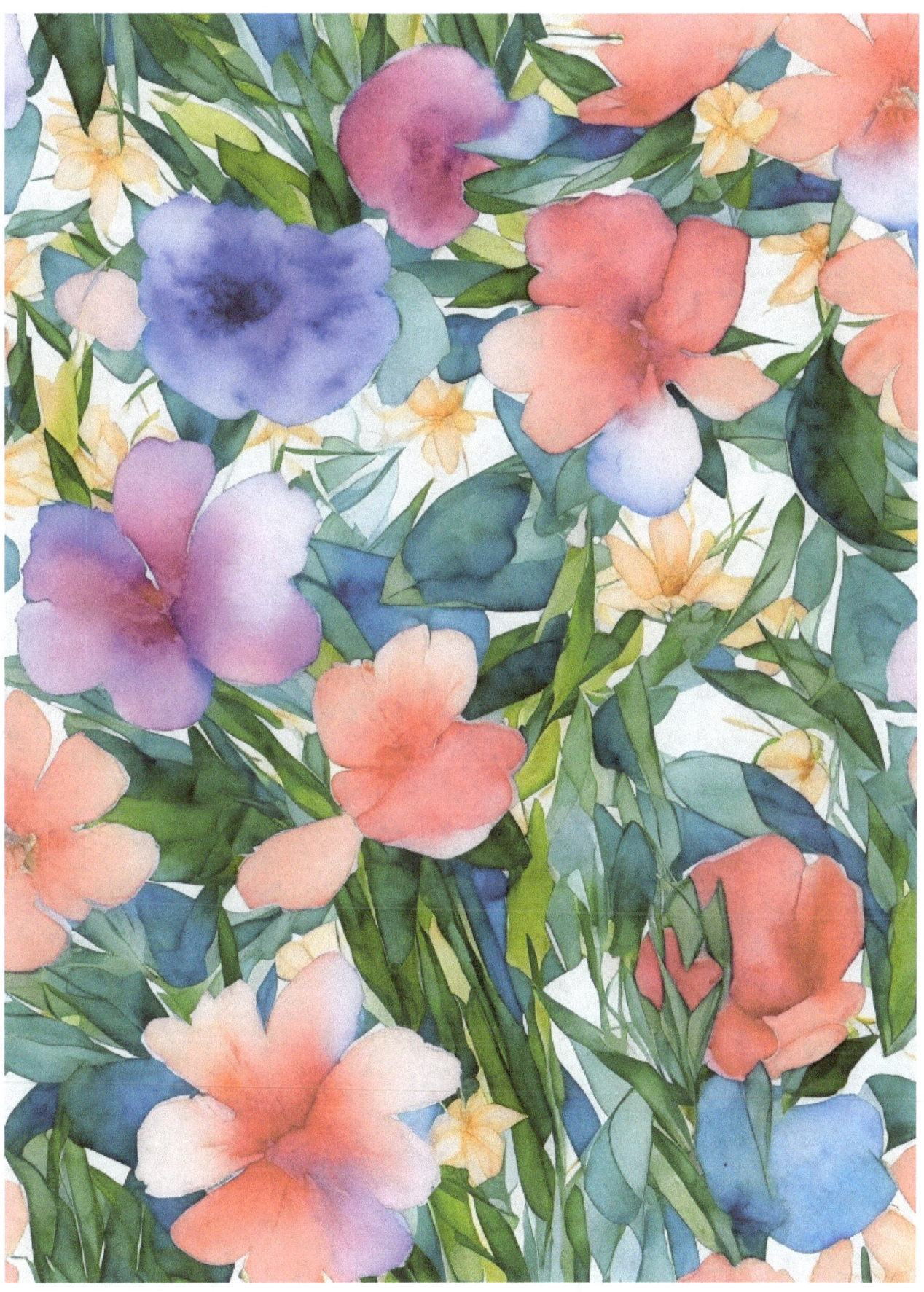

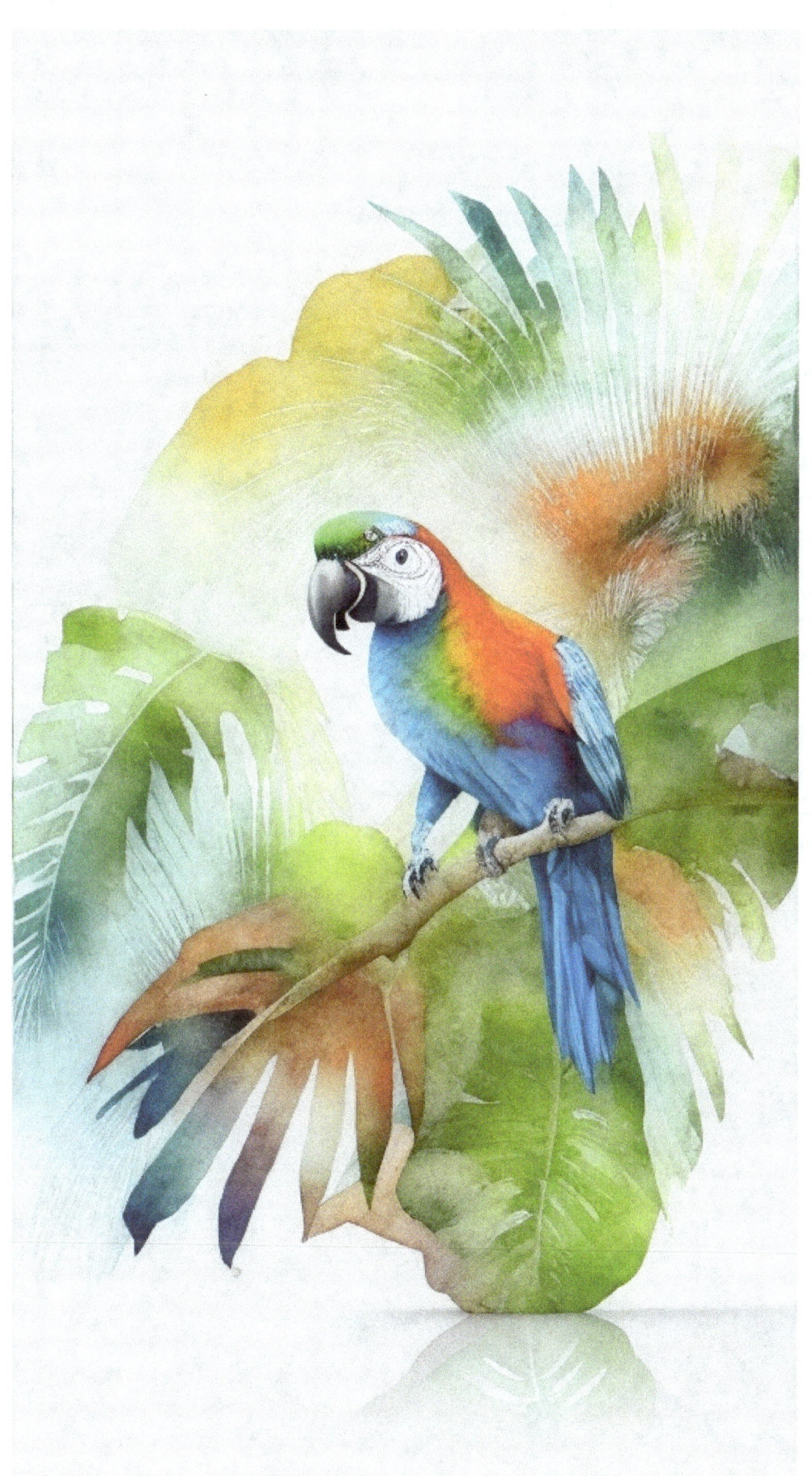

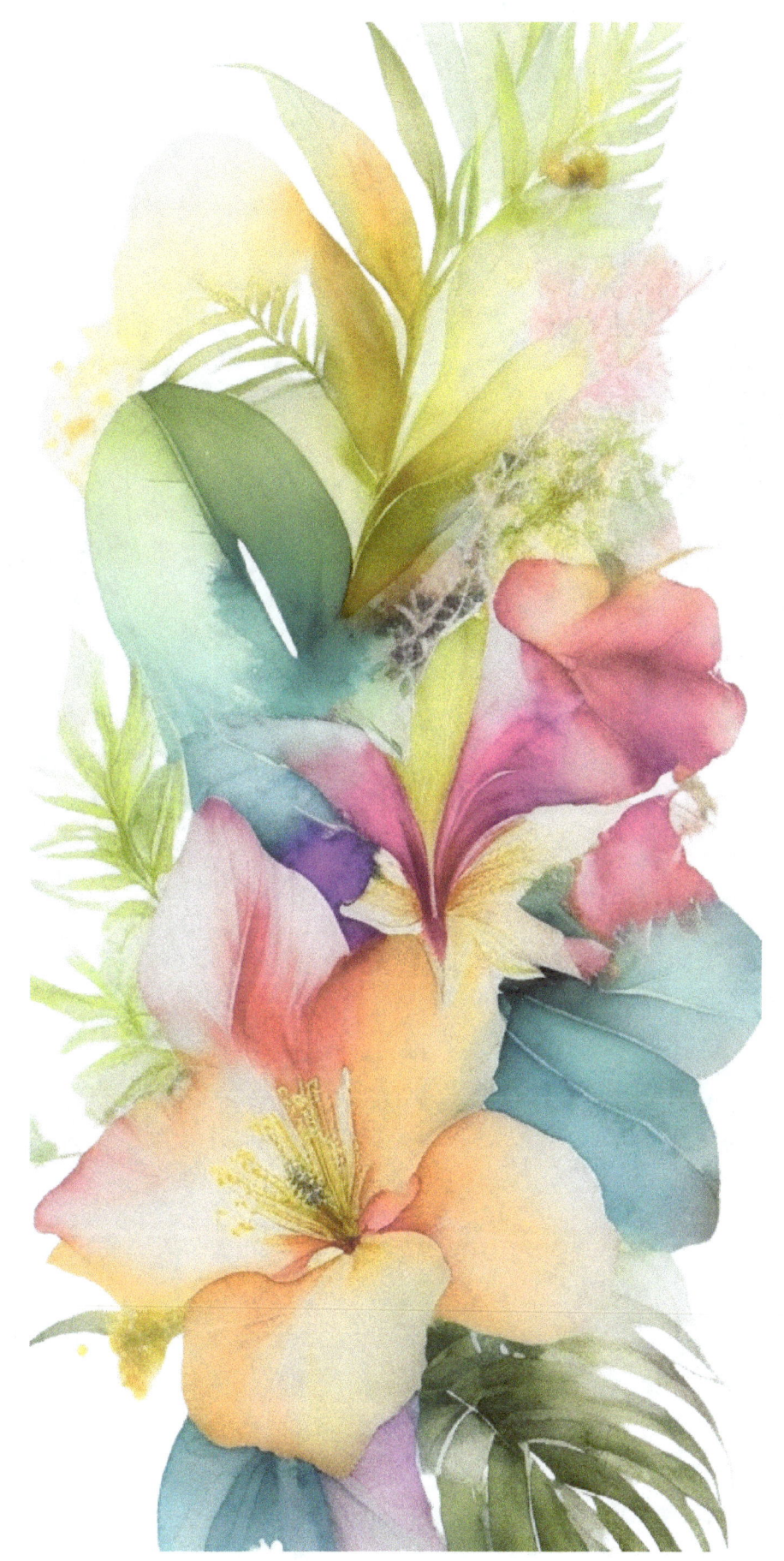

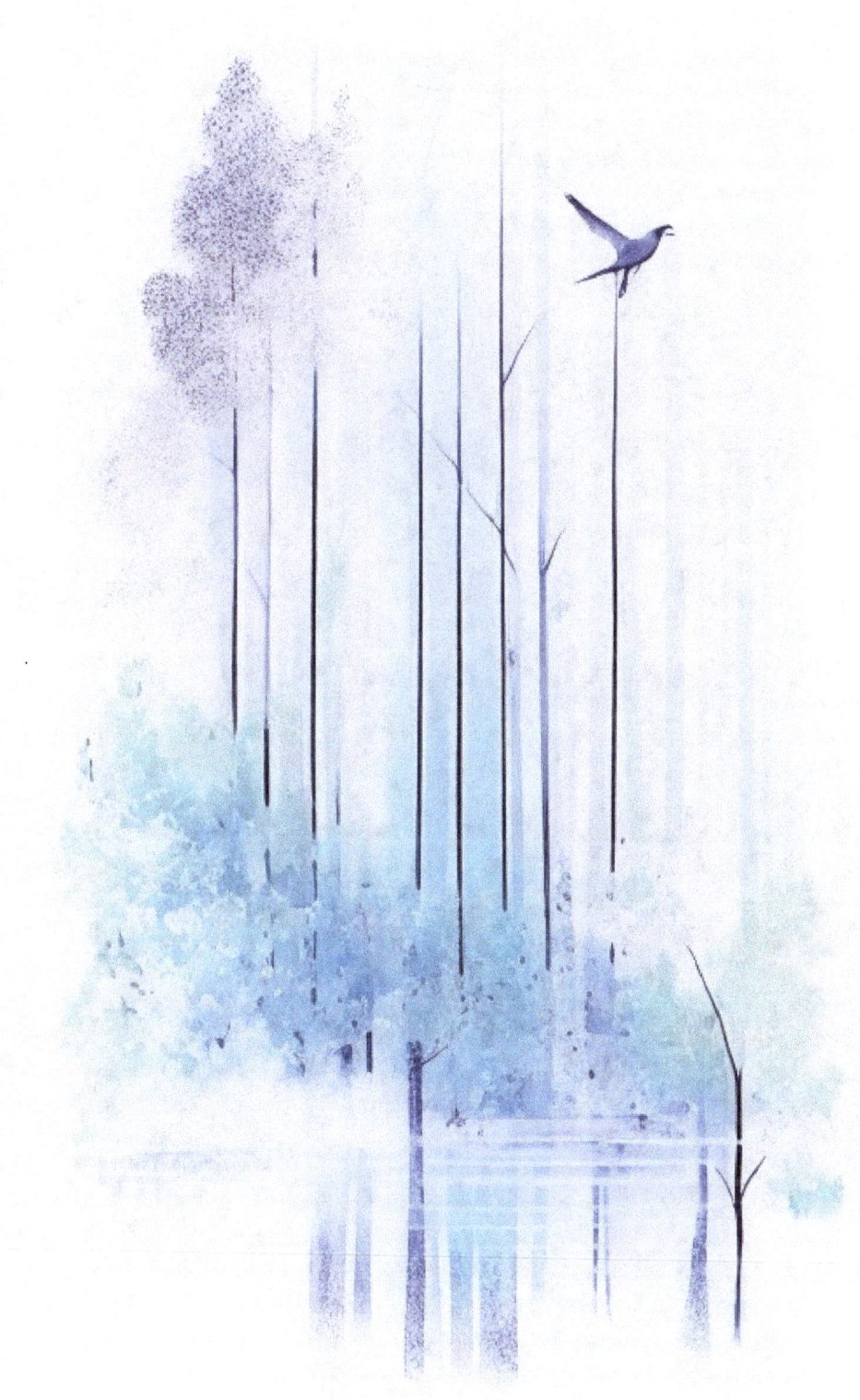

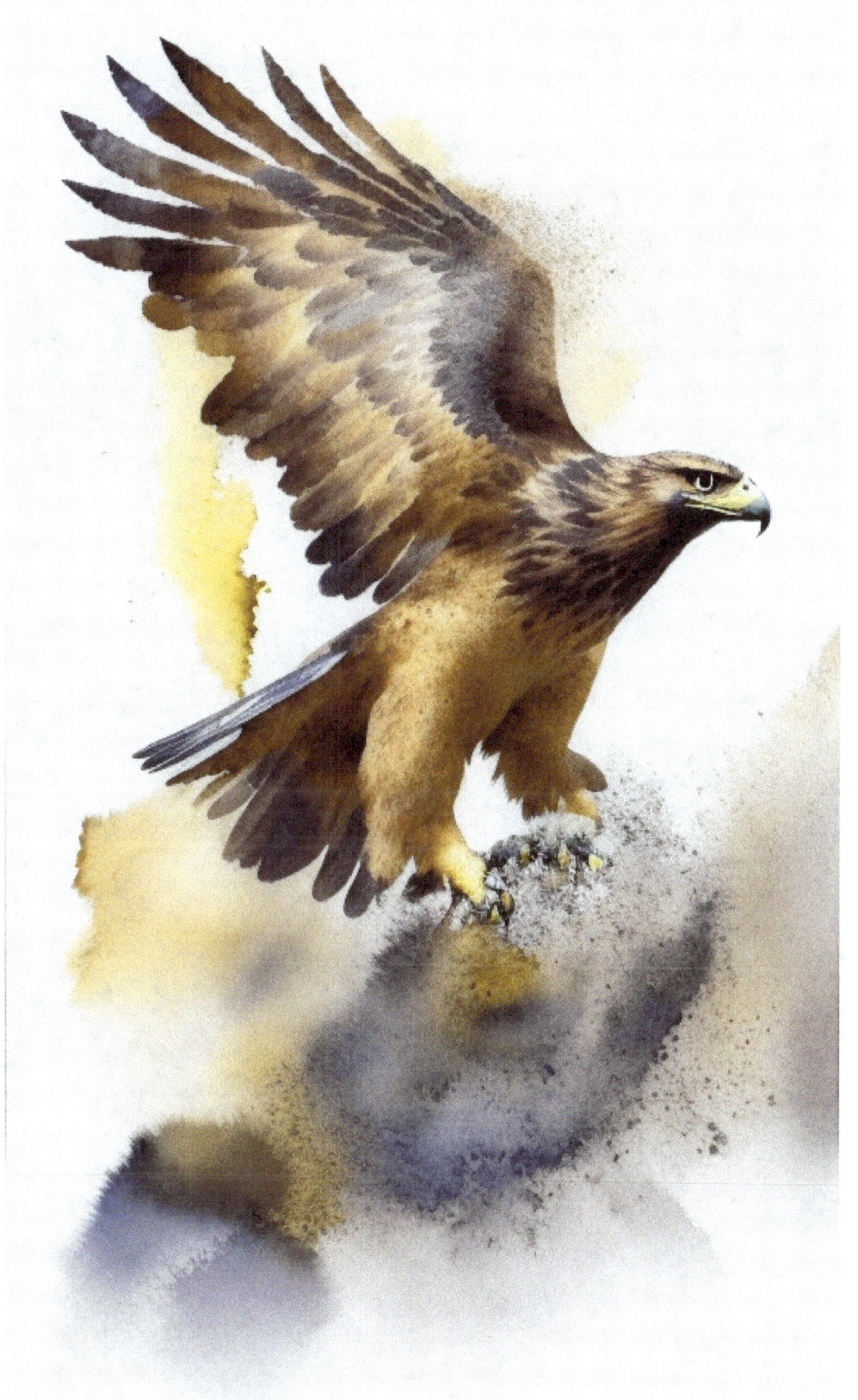

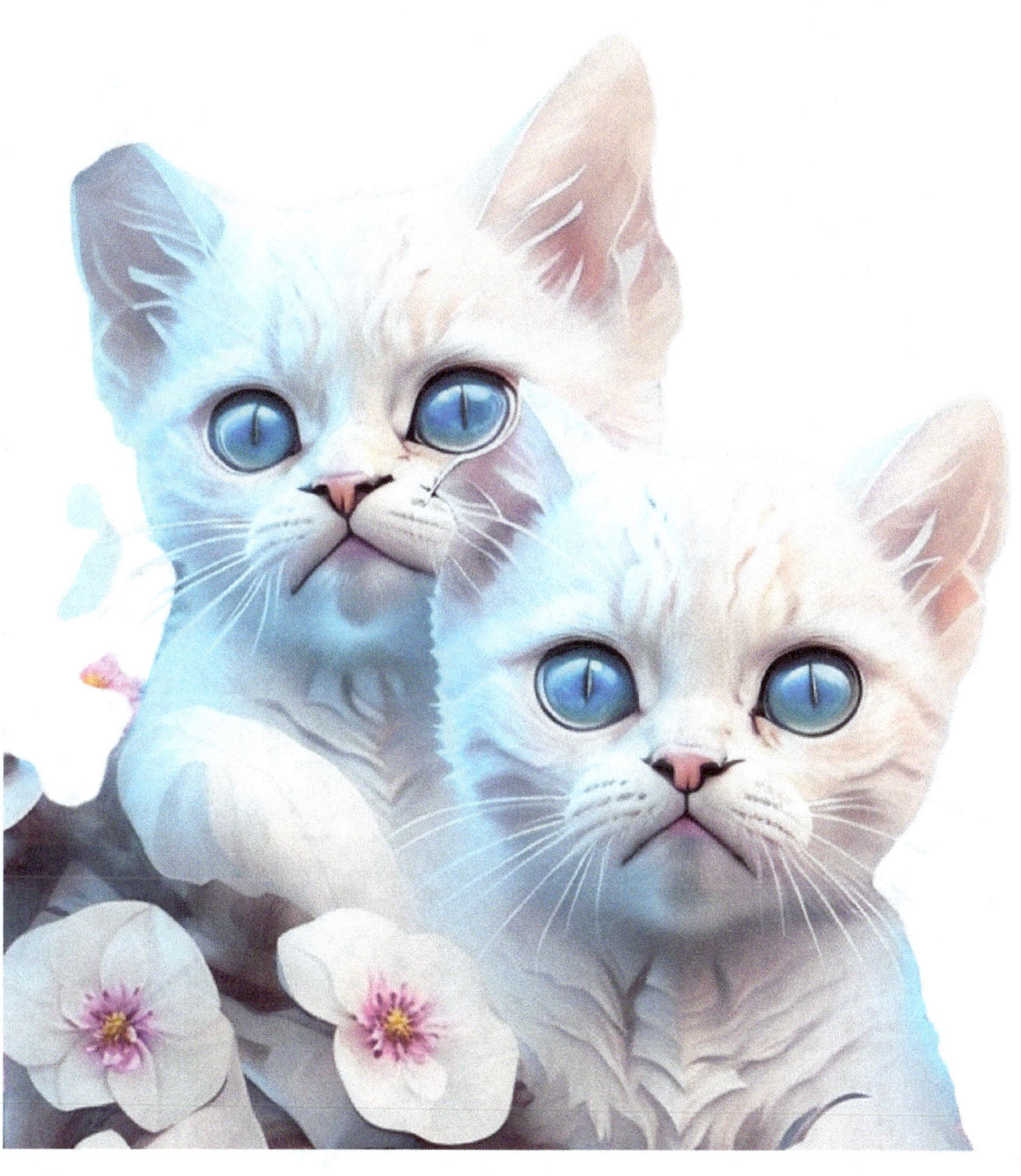

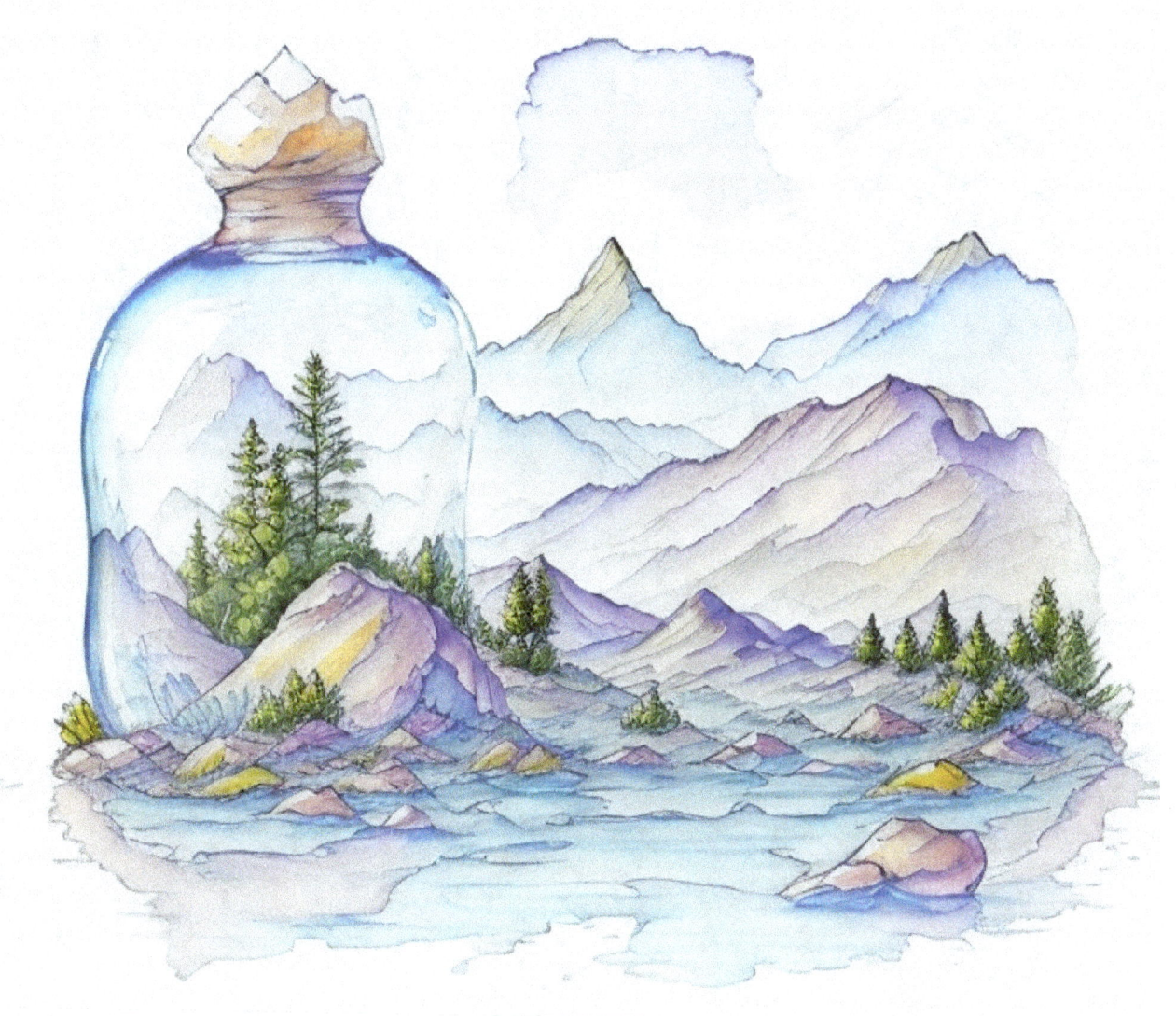

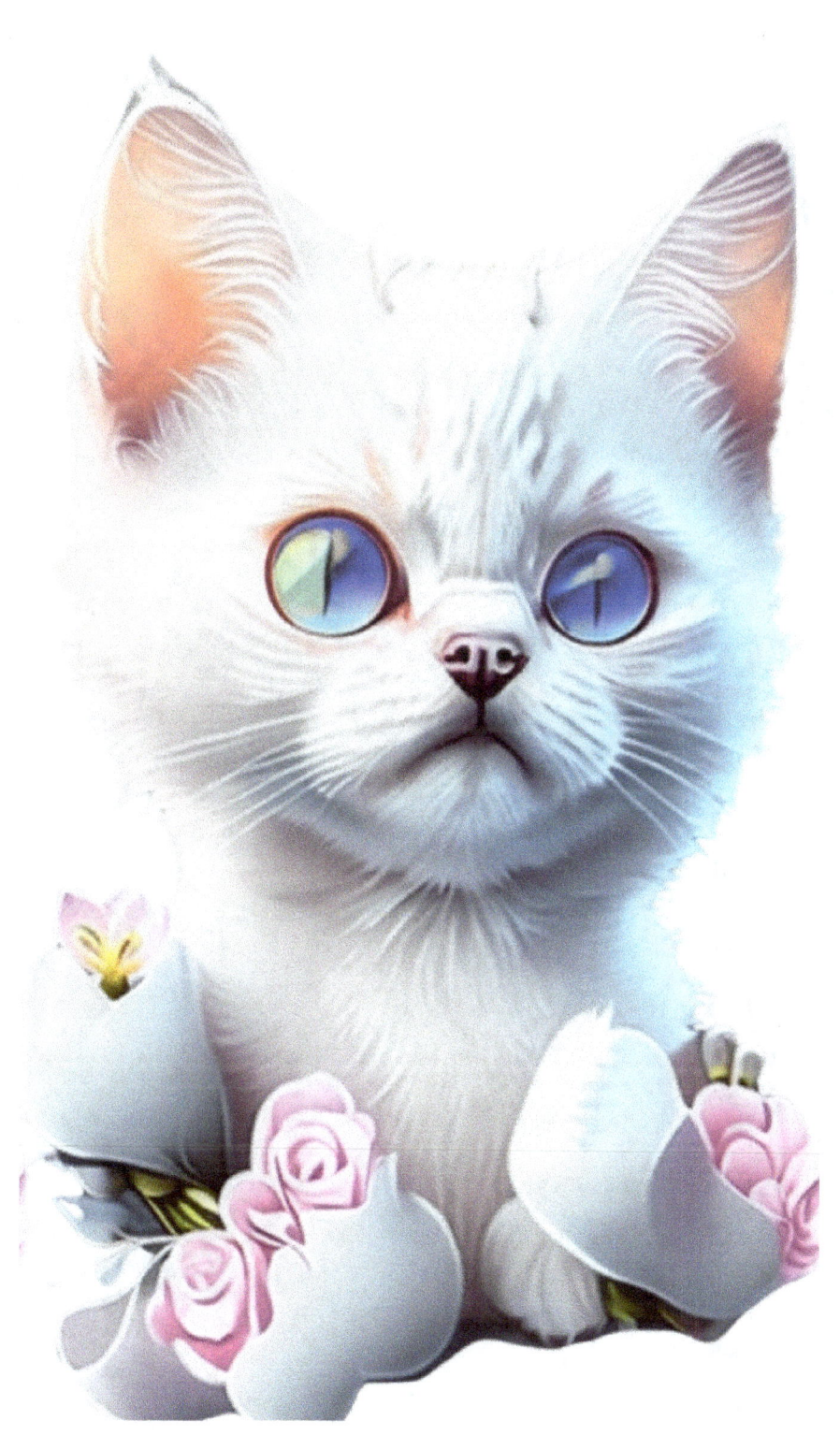

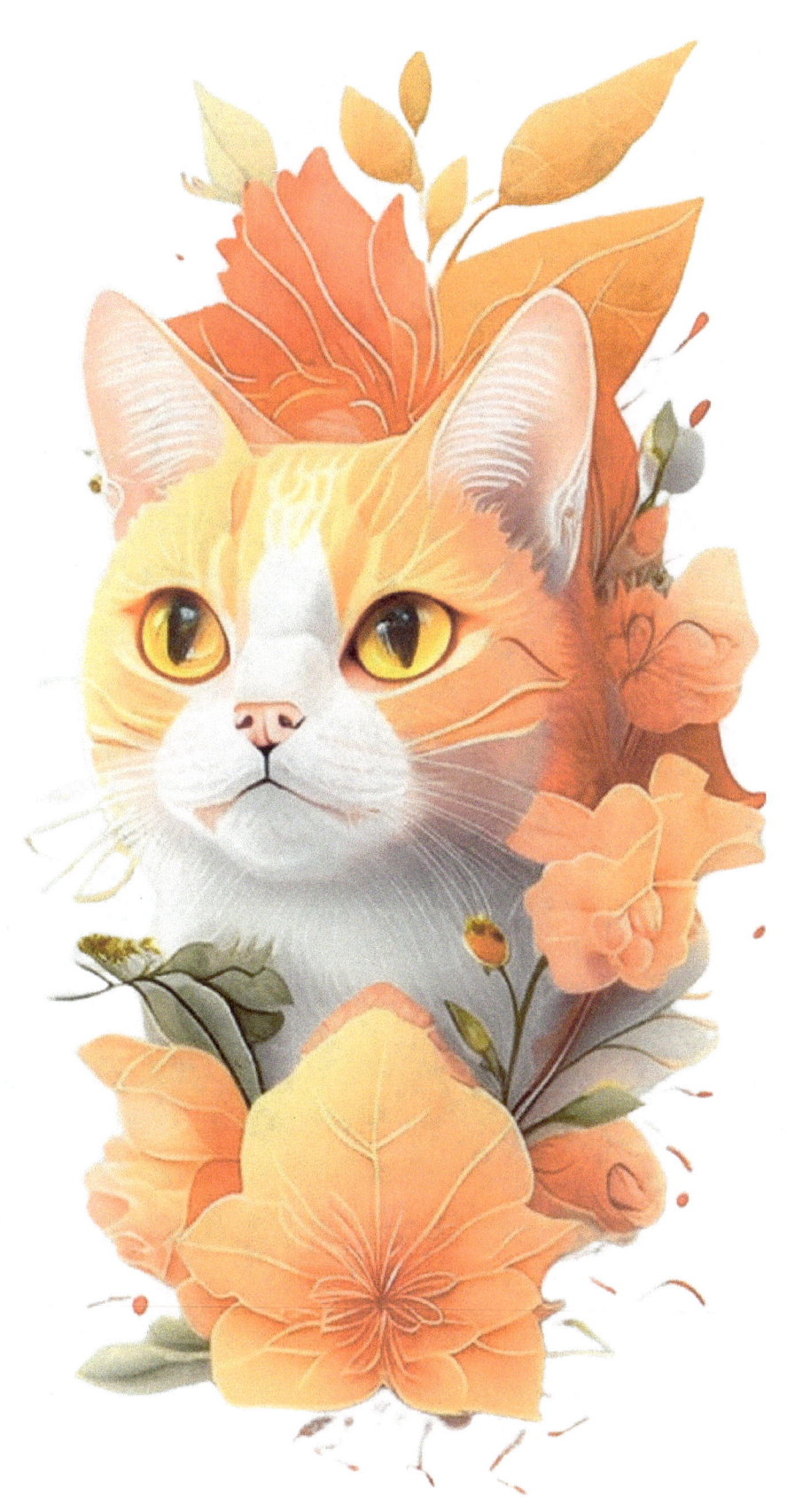